Edición 2015

Comprando Casa

¡Que No Lo Hagan Quedar Como un Tonto!

Alysse Musgrave

Alysse Musgrave/HelpUBuy America
Dallas, Houston, Austin
www.HelpUBuyAmerica.com

Esta publicación está diseñada para proporcionar información precisa y autorizada con respecto al tema en cuestión. Se vende bajo el entendido de que ni el autor ni el editor se dedican a proporcionar asesoría legal, de propiedad intelectual, contable, ni ningún otro tipo de asesoría profesional.
El autor y el editor de forma individual o corporativa, no aceptan ninguna responsabilidad por cualquier obligación resultante de las acciones de las partes involucradas.

Comprando Casa: ¡Que No Lo Hagan Quedar Como Un Tonto!/ Alysse Musgrave. – 3rd ed.
ASIN: B00BF69Z0O ISBN-10: 1512133809 ISB-13: 9781512133806

Para mi hermosa hija, Lia, quien verdaderamente odia que la mencione en mis libros. Mamá te ama, Calabacita.

Odio a un mentiroso más de lo que odio a un ladrón. Un ladrón va únicamente tras mi dinero. Un mentiroso va tras mi realidad.

—50 CENT

Contenido

Introducción

Admitámoslo. En una transacción de bienes raíces, el comprador asume todo el riesgo. El vendedor se va de la propiedad y se encuentra libre de cualquier obligación o responsabilidad. El comprador paga las inspecciones, valuaciones, costos de cierre, y termina con la casa y una hipoteca. En el mejor de los casos, comprar una casa es un proceso complicado. En el peor de los casos, puede ser una pesadilla emocional y financiera. No sólo tiene que encontrar una casa que ame, tiene que evaluar sus condiciones, negociar un buen precio, averiguar cómo pagarla, asegurarla, mudarse, y al mismo tiempo garantizar que esté comprando una casa que podrá revender con una ganancia cuando llegue el momento. La lista de cosas a tomar en cuenta parece interminable.

Antes de 1989, todos los agentes de bienes raíces trabajaban para el vendedor. El agente pasaba muchos días en el auto con un posible comprador, y ese comprador no tenía idea que el agente tenía una obligación fiduciaria de informar al vendedor de todo lo que el comprador dijera. Si el comprador ofrecía $400,000 por una casa pero mencionaba que estaría dispuesto a aumentar hasta $450,000, por ejemplo, se requería que el agente *por ley* pasara esa información al comprador. La ley de la propiedad era "caveat emptor", dejar que el comprador esté precavido.

Como era de esperarse, se presentaron demandas por todo el país cuando los compradores se dieron cuenta que podían haber comprado la propiedad por mucho menos dinero de haber sabido a quién representaba el agente. Como resultado, la mayoría de los estados implementaron requisitos de divulgación de información. A la primera reunión importante con un posible comprador o vendedor, se requería que los agentes informaran a cuál de las partes representaban. La mayoría de los estados implementaron políticas y procedimientos adicionales que daban la *ilusión* de imparcialidad, pero una cosa siguió siendo igual: El comprador sigue asumiendo el riesgo y el comprador sigue siendo el blanco de la mayoría de los fraudes.

La *Agencia Exclusive Buyer* surgió en 1989, finalmente dando al comprador la oportunidad de adquirir una casa con el mismo nivel de representación de aquel que los vendedores siempre habían disfrutado. Pero, dado que hay relativamente pocos agentes que trabajan exclusivamente con los compradores, la mayoría de los compradores se ven forzados a aceptar una representación deficiente.

El sistema de bienes raíces de este país está roto y no hay manera fácil de arreglarlo. En un mundo perfecto, cada parte de la transacción pagaría su propia representación. Las comisiones serían fijas ya que no implica más trabajo el ayudar a alguien a comprar una casa de $600,000 que ayudarlos a comprar una casa de $100,000. Los compradores, sin embargo, no desean pagar por su propio agente porque necesitan dinero para su enganche y gastos de cierre. Los corredores de bienes raíces no van a reducir ganancias ni a cambiar verdaderos modelos de negocios que han sido probados de manera voluntaria, por lo que ahí radica el problema. Los compradores tienen que aprender a navegar a través del proceso de comprar casa en el cual el fraude de hipotecas prolifera y en el que los compradores muy raramente cuentan con una representación adecuada.

Mi meta al escribir este libro no es enseñarle todo lo que hay que saber acerca de comprar una casa; existen miles de variables, y la ley de bienes raíces varía de estado a estado. Mi meta es compartir información que le ayude a tomar buenas decisiones y le ayude a reconocer un fraude cuando lo vea.

Entonces, ¿quién soy yo? Mi nombre es Alysse Musgrave, y soy corredora y propietaria de una de las más antiguas y más exitosas corredoras exclusivas para compradores en el país. Desde 1995, he protegido los derechos de los compradores de casas, alzando la voz en contra de prácticas de préstamos abusivos, y he ahorrado a mis clientes miles y miles de dólares. Yo soy una de un número relativamente pequeño de corredores exclusivos para compradores en este país, y todos estamos comprometidos con la misma causa: evitar que timen a los compradores de casas.

En las páginas a continuación, compartiré con usted toda la información que comparto con mis propios clientes, y espero que mis palabras y consejos lo lleven a tener una experiencia al comprar casa libre de problemas y libre de estrés y con muchos años de comodidad y felicidad financiera en su nuevo hogar.

Acerca de Este Libro

Se dice que un buen libro que no es de ciencia ficción transmite al lector únicamente la información necesaria- y ni una palabra más.

Eso es lo que hago en este libro. Le digo únicamente lo que realmente necesita saber, y dejo fuera todo el relleno. Notará que no incluí enlaces a calculadoras de hipotecas o al sitio web de HUD (Departamento de Vivienda Urbano). No hay un glosario con las definiciones de miles de palabras que realmente no necesita conocer.

En este libro, me esfuerzo por enseñarle las cosas que ningún otro corredor de bienes raíces le dirá. Aprenderá cómo reconocer unos buenos planos, cómo negociar con el vendedor, cómo obtener la información que realmente necesita del agente de crédito, y mucho más.

Desde la primera publicación de este libro, he contestado *cientos* de correos electrónicos de compradores de casas que tenían preguntas sobre el proceso de compra o que necesitaban la recomendación de un agente amigable dentro de su área. Como agradecimiento por comprar este libro, me gustaría invitarlo a contactarme en Alysse@HelpUBuyAmerica.com con cualquier pregunta que pudiera tener y contarme sobre su experiencia comprando casa. Espero que sea una buena experiencia.

{ 1 }

Agentes de Bienes Raíces

Un agente de bienes raíces es una persona que cuenta con licencia para enlistar y vender bienes raíces; un Corredor de bienes raíces es un agente de bienes raíces que además es miembro de la Asociación Nacional de Corredores de Bienes Raíces. Un Corredor siempre es agente de bienes raíces, pero no todos los agentes de bienes raíces son Corredores. En este libro, utilizo los términos "agente" y "Corredor" de manera indistinta.

La gente ha llegado a pensar que los Corredores no tienen ningún valor, especialmente dado que la base de datos de las casas en venta, conocida como el Servicio de Listado Múltiple (MLS), se encuentra a disposición de cualquiera que tenga una computadora y acceso a internet. No ayuda que los Corredores en general tienen una categoría justo por debajo de los vendedores de autos en cuanto a simpatía y confianza. Sin embargo, la verdad es que un *buen* agente de bienes raíces puede ahorrarle decenas de miles de dólares y reducir de manera importante los riesgos asociados con la compra de una casa. Un mal agente puede hacer lo contrario, y usted probablemente ni siquiera se enteraría.

Buscar una casa en el MLS es algo que puede hacer usted mismo. Para entrar a la casa necesita un agente. ¡Pero cualquier tonto puede abrir la puerta de una casa! No es ahí donde radica el valor de un Corredor.

El valor de un Corredor radica en sus conocimientos sobre precios, mercadotecnia, finanzas, seguros contra riesgos, seguro de propiedad, investigaciones, y en su habilidad para negociar un gran precio y proteger sus derechos como comprador de casas.

La mayoría de los agentes le dirán que tomó de 7-10 transacciones antes de que se sintieran 100% cómodos con el proceso. Pensar que puede comprar una casa sin un agente sólo porque leyó "Comprando Casa para Dummies" o este libro es un error. Necesita un agente o un abogado, y en algunos estados, necesita a ambos.

Al contratar a un agente, es importante que encuentre a un agente altamente capacitado. Le beneficiará trabajar con un Corredor que se gane la vida trabajando en bienes raíces o que se encuentre en la transición para hacerlo. El primo de su suegra que vende una o dos casas al año podría no estar calificado para protegerlo. Usted quiere un Corredor experimentado y con buena reputación. Después, necesita el tipo adecuado de representación. Los nombres varían de estado a estado, pero, esencialmente, los siguientes tipos de agentes son aquellos con los que usted deberá estar familiarizado: agentes exclusivos para compradores, agentes para compradores, agentes dobles, agentes para vendedores, asesores de bienes raíces, y agentes de descuento. En las siguientes secciones, describiré las funciones de estos agentes.

Agentes Exclusivos para Compradores

Un Agente Exclusivo para Compradores (EBA) trabaja en una oficina que nunca acepta propiedades a la venta y nunca representa a los vendedores. El enfoque siempre se basa en los compradores, todo el tiempo. No existe ningún conflicto de intereses en absoluto que pudiera poner en riesgo su posición para negociar. Para comprender la importancia de contratar a un Agente Exclusivo para Compradores, necesita conocer más sobre la *obligación fiduciaria*.

La obligación fiduciaria es una obligación legal para actuar exclusivamente en beneficio de los intereses de otra persona. Es la misma obligación que un abogado le debe a su cliente. Cuando usted trabaja con un EBA, ellos tienen una obligación legal, fiduciaria de negociar en *su* nombre. Su objetivo es ayudarlo a comprar la casa de su elección al *menor* precio posible y bajo los mejores términos. Por ley, le deben lo siguiente:

- Lealtad
- Total confidencialidad
- Obediencia
- Plena comunicación
- Total justificación de todos los fondos
- Equidad y honestidad

Únicamente un sólo agente (vs. un agente doble) puede ser fiduciario. Usted no puede tener una obligación fiduciaria para un comprador y un vendedor al mismo tiempo.

Si el agente que contrata para representarlo trabaja en una oficina de bienes raíces tradicional que acepta propiedades en venta y representa vendedores, no son y no pueden ser Agentes Exclusivos para Compradores.

Todos los gurús financieros como Dave Ramsey, Ralph Nadar, Suze Orman, y Jane Chatzky abogan por las Agencias Exclusivas para Compradores.

Contratar un EBA es lo más importante que puede hacer para protegerse al comprar una casa.

Aquí están las malas noticias. Menos de la ½ del 1% de Corredores alrededor del país trabajan como Agentes Exclusivos para Compradores, y puede ser difícil -si no es que imposible- encontrar a un EBA en algunas áreas. ¿Por qué? Los EBAs ganan la mitad de lo que gana un agente doble en una transacción dada, así que puede ser difícil convencer a un agente de bienes raíces para que trabaje únicamente con compradores. Es más fácil enlistar propiedades en venta poner un anuncio en el jardín, y esperar a que llegue un comprador poco instruido.

La manera más fácil de encontrar un EBA en su área es visitar el sitio web de la Asociación Nacional de Agentes Exclusivos para Compradores en www.naeba.org. Los miembros de la NAEBA son agentes de bienes raíces que tienen como misión proteger los derechos de los compradores de casas.

Agentes para Compradores

Los Agentes para Compradores trabajan en compañías tradicionales de bienes raíces que representan tanto a los compradores como a los vendedores (Re/Max, Keller Williams, Ebby Halliday, Century 21, etc.). Existen incentivos y presión para que estos agentes traten de vender las propiedades internas, así que esencialmente no trabajan para el comprador, inclusive si alegan lo contrario. Si su agente para compradores le muestra una casa enlistada por alguien dentro de su oficina y usted decide que quiere comprarla, la oficina tiene procedimientos para "representar" a ambas partes de la transacción. Este tipo de oficinas tienden a favorecer al vendedor más que al comprador, como demuestran todos los anuncios que dicen cuánto han "vendido". Como comprador, usted no está buscando ser "vendido", usted quiere ser "ahorrado", ¡y no ser timado!

Agentes Dobles

Un agente doble es aquel que trabaja para el comprador y para el vendedor en la misma transacción. Técnicamente, un agente doble no es legal en Texas ni en muchos otros estados, pero siempre hay alguna forma de evadir la ley que va en contra tanto de vendedores como de compradores, y sigue siendo muy difícil diferenciar entre un "agente para compradores" y un "agente doble", o un "agente para vendedores" y un "agente doble". Si un Corredor de Texas, por ejemplo, quisiera vender la casa de un vendedor/cliente a uno de sus compradores/cliente, utilizan a un tercero *de su oficina* para manejar las negociaciones de una de las partes, para el perjuicio de todos excepto del corredor.

El siguiente ejemplo muestra cómo es trabajar con un agente doble. Supongamos que usted pasa por una casa que le interesa y nota que hay un anuncio de Best Realty en el jardín. Usted decide llamar al número impreso en el anuncio, y un muy amable Corredor contesta la llamada.

Este Corredor fue contratado por los dueños de la casa para vender su propiedad y negociar el precio más alto en su nombre.

En el teléfono, el Corredor ofrece mostrarle la casa, así que fijan una hora para encontrarse y ver su listado. A usted le gusta la casa pero no está listo para comprometerse, así que el Corredor ofrece mostrarle algunas otras casas que podrían gustarle.

Mientras veían la primera casa, el Corredor representaba al vendedor. Ahora le están mostrando las propiedades de otro agente en los cuales lo representarían como un agente para compradores, en caso de que usted opte por comprar una de esas casas.

Mientras tanto, le han hecho todo tipo de preguntas y tienen una idea clara de su poder de adquisición y su nivel de motivación. Si usted decide comprar la primera casa que le mostraron (o cualquiera de sus otras propiedades), tendrían que referirlo con alguien más de su oficina, pero aún estarían legalmente obligados a informar a su comprador/cliente todo lo que saben sobre usted. Y, desde el punto de vista del comprador, el agente utilizó su casa como una fuente para compradores potenciales. El vendedor muy probablemente compartió todos sus secretos con este agente, sólo para que esa información fuera utilizada en su contra si tanto la parte del comprador como la parte del vendedor fueran manejadas internamente por el mismo corredor. Es un lío complicado, y es injusto tanto para el vendedor como para el comprador; la única persona que gana aquí es el agente doble y su corredor.

Agentes para Vendedores

Los agentes para vendedores trabajan en una oficina tradicional de bienes raíces que acepta propiedades en venta o representa vendedores. Se convierten en agentes dobles cuando representan al comprador. Aún no conozco un agente que sólo represente a los vendedores; trabajar con dos a la vez al representar tanto a los vendedores como a los compradores es muy, muy lucrativo (como lo son la mayoría de los tipos de fraude).

Asesor de Bienes Raíces/Honorarios por sus Servicios

Los asesores de bienes raíces comúnmente ofrecen servicios a compradores y vendedores en forma a-la-carta. Por ejemplo, en lugar de pagar un seis por ciento de comisión, un vendedor puede pagar a un consultor una tarifa fija para listar su casa en el MLS o para proporcionar un análisis de mercado. Los compradores pueden pagar a un agente honorarios sólo para elaborar el contrato de compra o para mostrarles una casa en particular. Esta es una gran forma, en mi opinión, para comprar y vender bienes raíces, y más Corredores están empezando a ofrecer estos servicios.

Estos servicios son, sin embargo, más benéficos para el vendedor que para el comprador.

Agentes de Descuento

La mayoría de los Corredores detestan la idea de ofrecer un descuento sobre su comisión; yo no. Considero que si un comprador puede hacer mucho del trabajo, tiene derecho a parte de la comisión.

La mayoría de los agentes de descuento reducen sus comisiones porque no pueden competir con otros agentes dentro de su área; sólo pueden competir en el precio.

O, son corredores en línea que usted nunca conoce, y que nunca verán la casa que usted comprará; sólo ayudan a elaborar los contratos y manejar la transacción. *Mi consejo es mantenerse lejos de este tipo.* Si usted puede encontrar a un agente profesional ocupado que reducirá su comisión al ofrecerle un nivel menor de servicio, pero que aún así le ofrecerá su asesoría y guía, ésta puede ser una gran forma de comprar una casa.

Un buen agente, sin embargo, no va a realizar la misma cantidad de trabajo por menos dinero. ¿Usted lo haría?

Cómo Reciben su Pago los Agentes

Las comisiones de bienes raíces son por lo general financiadas por el vendedor (razón por la cual la industria está enfocada en los vendedores). Cuando el dueño de una casa decide venderla, generalmente contratan a un Corredor convencional que trabaja tanto con compradores como con vendedores. Las comisiones son negociables pero comúnmente son del 5-7 por ciento del precio de venta. El Corredor enlista la casa en la MLS y, al hacer esto, se encuentra de acuerdo con dividir la comisión con el agente que traiga a un comprador calificado. Durante el cierre, las ganancias del vendedor se reducen de acuerdo a la cantidad que se negoció para la comisión. Esa cantidad se divide entre el corredor del comprador y el corredor del vendedor. Los agentes trabajan con un corredor y obtienen su pago de la parte de la comisión que le corresponde al corredor.

Para ilustrar esto, supongamos que un agente toma la representación de una casa a la venta en $200,000, y el vendedor acuerda pagar al corredor una comisión del 6%. La casa se vende de acuerdo al precio pactado, y el corredor que representa al vendedor y el corredor del agente del comprador obtienen cada uno, la mitad de la comisión, o $6,000 ($200,000 precio de venta x 0.06 de comisión ÷ 2). El corredor comparte la mayoría de esos $6,000 con su agente.

Algunos compradores creen que pueden obtener un mejor precio en una casa si no se involucra a ningún Corredor, y a veces eso es cierto. El vendedor podría estar dispuesto a vender la casa por menos si no tiene que pagar honorarios al Corredor, o puede elegir maximizar su propia ganancia. Cada transacción es diferente.

Cómo Encontrar un Buen Agente

Para encontrar un agente exclusivo para compradores vaya a www.NAEBA.org. Si no puede encontrar uno dentro de su área, podría verse obligado a trabajar con un agente convencional que represente tanto a compradores como a vendedores o que se auto proclame agente para compradores. *Si se ve obligado a contratar uno, ¡no comparta demasiada información con ellos!* Nunca sabe cuándo se van a pasar del otro lado. Si tienen un listado dentro de su rango de precio, es casi seguro que se lo van a mostrar, ya que esto les permitirá ganar ambas partes de la comisión. La posición negociadora del comprador se pone en peligro en este tipo de oficina, y sólo existen auténticas condiciones de igualdad cuando el comprador trabaja con un solo agente. Comparta lo que deba compartir, pero guárdese algunas cosas, como cuánto dinero puede gastar, cuánto dinero tiene en el banco, y qué tan desesperado está por salirse de su departamento.

Trate al Corredor como a un adversario amistoso, ¡no como a alguien a quien le puede confiar su dinero!

Entrevistando Agentes

Reúnase con un posible agente antes de decidir trabajar con él; una entrevista telefónica no es suficiente. La relación agente/comprador puede ser una relación larga, y las dos personalidades necesitan hacer "clic" hasta cierto punto. Imagine tener que pasar semanas viendo casas con alguien que no le cae bien (o a quien usted no le cae bien). Aquí hay algunas preguntas que necesita hacerle a un posible agente:

¿Cuánto tiempo lleva en este negocio?

Dado que el comprador asume los riesgos en una transacción de bienes raíces, usted necesita un agente que tenga por lo menos 3-5 años de experiencia o un agente nuevo que trabaje muy de cerca con su corredor. El corredor y el agente deben trabajar como equipo.

¿A quién representa?

La mayoría de los agentes dirán que representan tanto a los compradores como a los vendedores. Algunos dirán que aunque trabajan en una oficina de bienes raíces convencional, *ellos* sólo trabajan con los compradores, o que *ellos* son los especialistas en compradores de su oficina. La verdad es que no importa lo que digan; si no son un EBA, representan a ambas partes. *Es necesario que aclare este punto.*

¿Cómo maneja a compradores que compiten entre sí?

¿Qué pasa si el agente tiene un comprador que está buscando el mismo tipo de casa que otro de sus compradores? ¿Quién ve primero la propiedad, y qué pasa si ambos compradores quieren hacer una oferta? Mi política personal es que yo no acepto a dos clientes que estén buscando exactamente la misma propiedad. Tenga clara la política de su agente.

¿Cómo maneja las propiedades a la venta internas?

Existen incentivos para los agentes de Re/Max, por ejemplo, para mostrar propiedades representadas por Re/Max. ¿Cómo manejan el representar tanto al comprador como al vendedor en la misma transacción? ¿Lo van a transferir con otro agente para manejar sus negociaciones? Es imprescindible que usted conozca y entienda sus procedimientos, y no permita que lo convenzan de que no es importante. Lo es.

¿Cómo me notificará sobre nuevas propiedades a la venta?

La mayoría de las oficinas tienen algún tipo de capacidad de auto-búsqueda, la cual automáticamente envía nuevas propiedades a sus clientes en el momento en que vienen introducidas al MLS. Los compradores pueden entrar a internet y ver fotografías, hacer tours virtuales, y tomar notas sobre las casas que les gustan. Ayuda a todas las partes a comunicarse sobre casas en particular y a mantenerse organizados.

¿Cuánto tiempo de anticipación necesita para hacer citas?

Un agente con una carrera exitosa no va a estar disponible en un abrir y cerrar de ojos para mostrarle una casa. Yo programo las visitas muestra del fin de semana con cinco o seis días de anticipación, pero por lo regular soy más flexible durante la semana. También tengo una asistente que puede mostrarle una casa en mi lugar, en caso de una emergencia. Averigüe cómo trabaja su posible agente.

¿Cómo le pagan?

Las comisiones son negociables, pero muchos agentes de compradores residenciales trabajan por el 3% del precio de venta, y la cuota se deduce de las ganancias del vendedor en el momento del cierre. Algunos Corredores cobran a los compradores un anticipo, el cual es completamente reembolsable en el momento del cierre. Los corredores comúnmente utilizan los anticipos para eliminar a los compradores que les hacen perder el tiempo. Yo por lo general cobro un pequeño depósito ($100), pero hay muchos agentes que no tienen experiencia o que están bastante desesperados como para pasearlo por los alrededores y mostrarle casas de manera gratuita. Otros querrán el dinero de su gasolina por adelantado.

¿Podría revisar las copias de sus documentos?

No se sienta presionado para firmar un acuerdo de representación del comprador justo en ese momento. Lléveselo a casa, revíselo, y negocie los términos con los que usted no está de acuerdo. Estos acuerdos se mencionan a mayor detalle más adelante de este capítulo.

¿Qué pasa con los bonos que se ofrecen al agente del vendedor?

Si los vendedores ofrecen pagar un bono de $5,000 al agente que les traiga un comprador, ¿qué pasa con este dinero? Algunos agentes afirman que pueden quedarse con el bono siempre y cuando se dé a conocer a todas las partes. *¡No contrate a este agente! Usted debe poder confiar en que la asesoría que le dan sea independiente de cualquier incentivo económico adicional.* Nuestra política es reducir todos los bonos y dinero excesivo dentro de la comisión negociada y de regreso para el comprador. Esa debería también ser su política.

¿Qué pasa si el vendedor únicamente ofrece el dos por ciento al agente del comprador, pero su agente trabaja por un tres por ciento?

Esto sucede algunas veces con propiedades que son del banco o con vendedores que tienen poca equidad en su casa. ¿Está usted dispuesto a pagar a su agente el uno por ciento extra al considerarlo dentro del precio de la casa? ¿Le pagará al agente en efectivo? Si no, ¿va a querer que su agente le muestra casas que ofrezcan menos del tres por ciento de comisión? Este es un tema importante y haría bien en comunicar sus deseos.

.

Preguntas Irrelevantes

Usted puede hacer las siguientes preguntas, si así lo desea, pero no confíe mucho en las respuestas.

¿Tiene recomendaciones?

Todos los agentes tienen recomendaciones, pero eso no significa necesariamente que sean fiables o incluso verdaderas. Incluso los comentarios que usted lee en línea no son necesariamente veraces. Necesita visitar el sitio de internet de la Comisión de Bienes Raíces de su estado para ver si han sido sancionados por alguna razón (esto es más fácil en algunos estados que en otros). Consiga una recomendación de un amigo si puede, pero siempre tenga una estrategia de salida o un plan para terminar la relación si ésta no funciona.

¿Me puede dar una lista de clientes compradores con sus direcciones y cuánto ahorraron?

Un agente que proporcionara esta información no sería muy inteligente. Nunca pondría en riesgo la seguridad y privacidad de mi cliente para conseguir un cliente nuevo. Los nuevos dueños de casas se convierten en el objetivo de muchos, muchos fraudes, y no voy a convertirme involuntariamente en parte de una transacción que dañe a mis clientes. Encuentre a un agente que tenga integridad e interés por otras cosas que no sea su propio bolsillo.

¿Qué descuento puede obtener por lo general del precio de una casa?

Existen demasiadas variables como para que cualquiera pueda responder esta pregunta con precisión, y cualquier respuesta que le den sería una total conjetura o una total mentira. El precio es una de muchas concesiones posibles de un vendedor. Y, si cinco compradores están compitiendo por la misma casa, usted querrá un agente que pueda convencer a la parte vendedora de venderle la casa a usted, y no a otro de los cuatro compradores. Usted necesita un agente que pueda presentar su oferta de manera que le consiga la casa, y por lo general eso no tiene nada que ver con el dinero.

Convenios para la Representación del Comprador

Un convenio para la representación del comprador es un contrato de trabajo que describe las obligaciones y responsabilidades del Corredor para con el comprador y viceversa. La mayoría de los Corredores querrán que usted firme uno. De hecho, algunos no le mostrarán una casa hasta que lo tengan bajo contrato. Los corredores quieren asegurarse de que se les pagará por el trabajo que realicen, y es injusto que un comprador utilice sus servicios para enseñarles casas únicamente para cambiar de Corredores o comprar la casa a través de un agente de descuento en el último minuto. Los compradores, sin embargo, no quieren comprometerse con un agente en caso que decidan si éste hace un buen trabajo para ellos. La relación con su agente necesita que ambas partes se sientan cómodas.

Necesita sentirse cómodo con los conocimientos y respuesta de su agente, y ellos necesitan sentirse cómodos con su lealtad.

No tenga miedo de dictar los términos de este convenio. Aquí hay algunas maneras en las que usted puede ajustar el contrato con su agente:

- En lugar de comprometerse con un convenio de seis meses, adopte un convenio de un mes con la opción de renovarlo más adelante. Esto le dará algo de tiempo para conocer a su agente antes de hacer un compromiso a largo plazo con éste.
- Haga que el compromiso aplique únicamente a las casas que le muestran, y evite mencionar un periodo de tiempo.
- Indique un periodo de prueba, después del cual el convenio entre en vigor a menos que cualquiera de las partes de por terminado el convenio.
- Sobre todo, siempre insista en una cláusula de "salida" para que se pueda liberar en cualquier momento. Sólo se le pagará al agente por las casas que le mostró, en caso de que usted decida comprar una de esas casas. Un buen agente va a tener algún tipo de garantía de satisfacción al cliente. Si no la tienen, encuentre a alguien más.

Yo en lo personal no utilizo este tipo de convenio para la representación del comprador. De hecho, ni siquiera le pido al comprador que firme uno. Confío en mis habilidades. Si un comprador/cliente no desea trabajar conmigo, están en la libertad de irse en cualquier momento, sin compromiso alguno. El trabajar conmigo debe de ser la parte menos estresante durante el proceso de comprar una casa. No es descabellado el que usted espere lo mismo del agente que contrate.

Si no Funciona

Si usted empieza a trabajar con un agente y se da cuenta de que no es el adecuado, no se encontrará atorado con éste. No se sienta intimidado por el convenio para la representación del comprador. En algunos estados, ni siquiera son aplicables. Antes de despedirlo, sin embargo, primero asegúrese de que sus expectativas sean razonables.

Su agente no es su acompañante ni su guía de turistas; su trabajo es ayudarlo a comprar una casa, no llevarlo a comer. No espere que éste deje todo y le muestre una casa en el último minuto. Preséntese a tiempo para sus citas, ya que las citas tienen que programarse con los vendedores, y no espere que le regresen las llamadas a todas horas de la noche. Éste no es un trabajo de voluntariado para los agentes; es la manera en que mantenemos a nuestras familias y mandamos a nuestros hijos a la universidad. Un nuevo agente, ansioso por hacer carrera, podría aguantar este tipo de cosas por un tiempo, pero un agente experimentado lo abandonará como a un mal hábito.

Si su agente no le ha mostrado casas durante un par de semanas, pregunte por qué. Es posible que su criterio de búsqueda sea demasiado estrecho y que no haya nada que mostrar. Los agentes se merecen la oportunidad de dar una explicación, y es más fácil darles una oportunidad de lo que es volver a empezar con un nuevo agente. Si le ha comunicado sus inquietudes al agente y aun así no está contento, es hora de despedirlo.

Cómo Despedir a Su Agente

Si su agente le mostró una casa que usted desea comprar, pero tiene algunas preocupaciones en cuanto a sus habilidades o su nivel de conocimientos, póngase en contacto con su Corredor (jefe) y pida que le asignen a otro agente. El primer agente recibirá una compensación justa por su tiempo cuando se cierre la transacción.

Si no ha encontrado una casa a través de este agente, revise el convenio que firmó y verifique los términos de la cláusula de "salida". Por lo general usted tiene que enviar una notificación por escrito dando por terminada la relación. Si no existe tal cláusula, envíe la carta de todas formas tanto al agente como al corredor y vea qué ocurre. No hay razón para ser ofensivo o antagónico. Simplemente mencione que sus planes han cambiado y que desea terminar el convenio. No pueden obligarlo a hacer una oferta o a comprar una casa a través de ellos. De hecho, un Corredor no tiene derecho a recibir comisión por una transacción a menos que ellos sean la "causa procuradora" (quien instigó la transacción) de la venta, aunque las leyes varían de acuerdo al estado. ¿Esto significa que usted está obligado a comprar una casa a través de un agente que conoció en un open house? No. Pero si un Corredor le muestra casas por toda la ciudad, déjelo investigar y negociar la compra de una casa en particular, y después compre la casa por su lado o con otro agente, lo pueden demandar y *¡usted va a perder*! Tenga cuidado con el mal karma de bienes raíces.

{ 2 }

Empezando

El comprar una casa es tanto una decisión de negocios como una decisión emocional, o debería serlo. Es muy divertido entrar a internet y hacer recorridos virtuales y visitar open houses, pero cuando esté listo para dar un paso, es hora de tener un enfoque más metódico.

Pre-Calificación vs. Pre-Autorización

El pre-calificar es el primer paso en el proceso de comprar una casa y es muy probablemente el primer requisito de cualquier Corredor que usted contrate. Una llamada rápida a un acreedor determinará su poder adquisitivo, los requerimientos de su efectivo disponible, e identificará programas adecuados de préstamos. Muchos compradores creen erróneamente que si han sido pre-calificados para un préstamo, entonces también han sido pre-autorizados. Esto no es verdad. Hay una gran diferencia entre los dos, como se menciona a continuación.

Pre-Calificación

Pre-calificar para un préstamo es fácil y sencillo. Usted proporciona a un acreedor su panorama financiero completo, incluyendo su puntaje crediticio, deudas, ingresos y bienes. Después de evaluar esta información, el acreedor le dará una idea de la cantidad de la hipoteca para la que usted califica. El proceso de pre-calificación puede realizarse por teléfono o en Internet y por lo general no implica ningún costo.

En este momento, el acreedor sólo puede explicarle sus opciones y hacer recomendaciones. Ya que esto se basa únicamente en la información que *usted* le proporciona al acreedor y debido a que esta información no ha sido verificada, la autorización de su préstamo no está garantizada; es sólo la cantidad que usted puede esperar que le autoricen y un estimado de su pago mensual. El ser pre-calificado no tiene el mismo peso que ser pre-autorizado, lo cual se describe a continuación.

Pre-Autorización

El ser pre-autorizado tiende a ser mucho más complicado que ser pre-calificado. Usted llenará una solicitud oficial para hipoteca y enviará al acreedor la documentación necesaria para verificar sus requisitos. Revisarán su crédito, y el ejecutivo de préstamos podría hacer recomendaciones sobre maneras de mejorar su puntaje crediticio para que usted pueda calificar para la tasa de intereses más baja. En este punto, puede que usted no haya encontrado una casa todavía, así que cualquier referencia a una propiedad en particular deberá ser dejada en blanco. El acreedor le puede decir con certeza la cantidad de hipoteca específica para la cual fue autorizado, y usted tendrá una mejor idea de la tasa de intereses que le cobrarán. Recibirá un compromiso condicional por escrito, el cual necesita antes de realizar una oferta en una casa. Una vez que tenga esta carta en la mano, se encontrará listo para empezar a comprar casa.

Querer Contra Necesitar

Hay mucho que considerar al momento de comprar una casa, incluyendo ubicación, presupuesto, condiciones de la propiedad, escuelas, reventa, planos, potencial de apreciación vs. depreciación, y mucho más. Es mejor empezar haciendo una lista de los puntos que son importantes para usted y después clasificarlos en orden de importancia. Haga esto antes de empezar a ver casas para que las cosas que no son importantes, como la decoración, no lo distraigan. Las siguientes son algunas cosas que considerar antes de empezar a ver casas.

Dormitorios y Baños

El mejor tamaño para una vivienda familiar es de cuatro dormitorios. Para propósitos de reventa, cualquiera que pueda caber en una casa de tres recámaras podría caber en una casa de cuatro recámaras. Lo contrario no es verdad. Una familia que necesita una casa de cuatro recámaras nunca consideraría una casa de tres recámaras. Si una casa de cuatro recámaras no se encuentra dentro de su presupuesto, las de tres recámaras están perfectamente bien. Sea consciente del tamaño y funcionalidad del espacio a compartir y asegúrese de que haya espacio para una oficina en casa, ya que esto es "necesario" para muchos compradores de casas hoy en día.

Casa de Uno o Dos Pisos

Existen tanto ventajas como desventajas en cuanto a ya sea una casa de un piso o una casa de dos pisos. En una casa de un piso, los techos pueden ser más altos y no hay ruido de personas caminando por encima. Es mucho más fácil y seguro para niños pequeños y para los adultos mayores o para personas discapacitadas vivir en una casa de un piso, y usted no tendrá el espacio desperdiciado de donde estarían las escaleras. La desventaja es que el jardín es por lo general más pequeño debido a la distribución más grande de la casa. Comúnmente hay menos privacidad y las recámaras son frecuentemente más pequeñas.

Vivir en una casa de dos pisos por lo general significa lindas vistas desde el segundo piso y más separación entre los espacios compartidos y las recámaras. Es seguro dejar las ventanas abiertas en el segundo piso, el jardín a veces es más grande, y si todas las recámaras se encuentran arriba, no tiene que calentar o enfriar el primer piso mientras esté durmiendo. Los aspectos negativos son el nivel de ruido cuando las personas caminan en el segundo piso y en las escaleras, lo que puede ser un inconveniente o una prohibición si un miembro de la familia se lastima o se enferma.

Número de habitaciones

La mayoría de mis clientes son felices al no tener una sala formal, optando mejor por una oficina en casa. El cuarto familiar es por lo general el lugar en donde todos se reúnen, así que asegúrese de que este espacio sea grande, y esté atento de los patrones de tráfico una vez que se coloquen todos los muebles. Por lo general necesita un pasillo amplio de 3 pies (1 metro) para trasladarse de un espacio a otro. Si tiene niños y desea que tengan un espacio separado para sus juguetes y amigos, asegúrese de encontrar una casa con por lo menos dos espacios compartidos. A muchas personas les gusta tener un cuarto de juegos por separado sólo para sus hijos y su desorden.

Número de comedores

Aunque muchas personas ya no utilizan un espacio compartido formal, aún hay mucha demanda de un comedor formal; es preferible tener un mínimo de dos áreas para comer. La mayoría de los alimentos serán en el desayunador, así que es importante que este espacio sea lo suficientemente grande para adaptar una mesa y por lo menos cuatro sillas de manera cómoda. Si la puerta al jardín trasero está en el desayunador, asegúrese de que haya espacio para abrir la puerta una vez que los muebles se encuentren en su lugar. El comedor deberá poder acomodar a un mínimo de seis personas. La única excepción a esta regla aplica a condominios, en donde un solo comedor es algo común.

Espacios para coches

En muchos lugares del país, las casas unifamiliares vienen con una cochera para dos autos. Podría encontrar casas en las que sus dueños convirtieron la cochera en un espacio para vivir. Asegúrese de que ese espacio se puede volver a convertir en cochera fácilmente, ya que las casas sin cochera son más difíciles de vender. Si va a comprar una casa en una zona en la que la mayoría de las casas tienen una cochera para tres autos, no compre una casa con una cochera para dos autos.

Querrá que su casa combine con las otras casas del barrio.

Pies Cuadrados

Es inteligente tener una idea general de cómo se ven y cómo se sienten 3000 pies cuadrados, pero no se preocupe mucho por los números. El plano de la casa importa más que los pies cuadrados de la casa. Un buen plano puede hacer que una casa de 2500 pies cuadrados se sienta como un palacio. Por el contrario, una casa de 4000 pies cuadrados puede sentirse pequeña si no hay suficiente espacio que sea utilizable o si el diseño es deficiente. Si usted considera que quiere una casa de 3000 pies cuadrados, permita que su Corredor le muestre casas dentro del rango de los 2700-3300 pies cuadrados. Nunca sabe cuándo una casa que recorra será *la* casa, aun cuando no haya sido perfecta en papel.

Antigüedad de la casa

Si le preocupa la conservación de energía y las cuentas de sus servicios, más nueva es mejor- por mucho. El costo para enfriar una casa que se construyó en los 1980s puede triplicar el costo de enfriar una casa del mismo tamaño construida a partir del año 2000. Las mejoras en la calidad de aislamiento, ventanas, plataforma del techo/barreras radiantes, electrodomésticos *Energy Star*, y aires acondicionados han reducido significativamente el costo para calentar y enfriar una casa. Sin embargo, se deben hacer sacrificios. Las casas más antiguas fueron por lo general construidas en lotes más grandes, a veces más bonitos, y tienen una vista muy distinta y se sienten diferente que las casas nuevas (para bien o para mal). Si no está seguro de sus preferencias, le sugiero que haga que su agente le muestre algunas casas antiguas. Sabrá inmediatamente si las casas más viejas son algo que desearía considerar.

Área

Decida en dónde quiere vivir antes de contratar a un agente, pero esté abierto a cualquier sugerencia que éste pudiera tener. ¿Qué distancia está dispuesto a manejar para llegar al trabajo? ¿Quiere estar cerca del centro, o se encuentra feliz en los suburbios? Las escuelas siempre son algo importante a considerar, y deberá comprar una casa en un distrito escolar decente, incluso si no tiene niños. Averigüe en dónde están las buenas escuelas y entonces maneje por esa área. O entre a internet, encuentre algunas casas dentro de su rango de precio, y maneje por esos barrios para ver que tanto le gustan.

Una tarde en el auto puede responder muchas de estas preguntas.

Tamaño del Jardín

Un jardín grande por lo general significa más mantenimiento. Si usted no está dispuesto a hacer el trabajo usted mismo, asegúrese de tener el dinero para contratar a alguien que lo cuide por usted. Generalmente hablando, a la gente le gusta un jardín más grande. A menos que vaya a comprar un condominio, no compre una casa con el jardín más pequeño del barrio; podría ser más difícil en el momento que decida revender la propiedad. Váyase por el promedio y encuentre una casa que tenga un tamaño promedio o uno más grande.

Rango de Precio

Hay una gran diferencia ente cuánto el dinero le prestará el banco, cuánto puede realmente costear, y cuánto deberá estar dispuesto a gastar. Sólo porque el banco le preste $400,000, no significa que deba pedir esa cantidad. Considere los costos mensuales por servicios, reparaciones, limpieza, mantenimiento y muebles. Bankrate.com tiene algunas calculadoras de hipotecas geniales para ayudarlo a decidir cuánto puede costear cómodamente.

Trate de comprar todo lo que necesite, pero sólo algunas de las cosas que desee. Hay una diferencia.

Condiciones de la Propiedad

¿Cuánto trabajo está dispuesto a hacer? Podría estar dispuesto a hacer cambios estéticos como pintura, alfombras, etc., pero es importante conocer sus límites. Si va a realizar cambios a la propiedad antes de mudarse, asegúrese de tener el dinero tanto para la mano de obra como para los materiales, inclusive si tiene planeado hacer el trabajo usted mismo. Y es muy importante tener algo de dinero "ups" ahorrado, sólo por si acaso.

Piscina

Las personas no siempre se dan cuenta del trabajo y el dinero que implica mantener una piscina. Los costos incluyen calefacción, limpieza, químicos, seguro, y existe la preocupación constante de la seguridad de sus hijos, mascotas e inclusive de los demás niños del barrio. Si no está 100 por ciento seguro de querer una piscina, mi consejo es no tener una. Sin embargo, si está seguro de querer una, es mucho más inteligente comprar una casa con una piscina ya instalada. Si añade una piscina después, es probable que sólo recupere el 50 por ciento de su costo original, en el mejor de los casos, cuando decida vender la casa.

Trabajando Con Su Agente

El compartir sus deseos y necesidades con su Corredor agilizará el proceso y le ahorrará el ver muchas casas que no serán útiles para usted. Su agente puede entonces enviarle una lista de casas que se adapten a sus necesidades y puede hacer arreglos para visitar las que le parezcan más atractivas. Si su lista parece muy corta, sus requerimientos podrían no ser razonables. Pero no asuma automáticamente que necesita aumentar el precio. Ajuste algunos de los criterios primero, como pies cuadrados, y vea que arreglos podría necesitar hacer.

A mí me gusta que mis compradores/clientes elijan las casas que les interesan, por lo menos al inicio. Me ayuda a conocer sus gustos y lo que no les gusta, y da la oportunidad de saber qué les llama la atención. Siempre busco las que están en venta por los mismos propietarios sin representación (FSBO por sus siglas en ingles) y construcciones nuevas, y necesito poder reconocer la casa de los sueños de mi comprador cuando la vea. He oído a compradores quejarse de que sus Corredores no trabajaban para ellos cuando les enviaron las listas de casas a revisar. ¡Esto es absurdo!

Usted y su Corredor tienen la misma meta: ayudarlo a encontrar la casa de sus sueños. No pueden encontrar lo que usted quiere si no saben qué es. Hable con su Corredor y no juzgue su habilidad en base a esta parte del proceso.

Cualquiera puede abrir una puerta y programar una muestra. Es lo ocurre después de que se encuentra la casa lo que hace que un buen Corredor sea invaluable.

Listados de Casas MLS

Muy probablemente recibirá listados del MLS por correo electrónico, y habrán enlaces para ver fotografías y hacer recorridos virtuales. Muchos agentes utilizan servicios que le enviarán nuevas propiedades a la venta de manera automática, para que usted sepa que hay de nuevo en el mercado en tiempo real. El mío es un portal en línea que los compradores pueden utilizar para escoger de los propiedades en venta e informarme de las casas que les parecen atractivas. Yo realmente sugiero que contrate a un agente que aproveche toda la tecnología disponible. Permite que el proceso sea más fácil, más eficiente y mucho más divertido.

FSBO

Las FSBOs son casas que están siendo anunciadas sin la ayuda de un agente; no siempre son incluidas en el MLS, pero su agente puede ayudarle a comprar una casa que se encuentre a la venta a través del propietario. Una casa está a la venta a través del propietario por alguna de las siguientes razones:

- El dueño de la casa odia a los Corredores.
- Consideran que ellos mismos pueden hacer mucho de lo que hace un agente para vendedores, sin pagar el seis por ciento de comisión.

- Los propietarios de casas no tienen suficiente capital en la casa para pagar los honorarios de un Corredor así que no tienen otra opción que venderla ellos mismos.

Las FSBOs tienen más opciones que nunca cuando se trata de vender sus casas. En el pasado, para poder agregar su casa en el MLS, los propietarios no tenían otra opción que contratar a un Corredor que los representara y pagar el cinco o seis por ciento de comisión. Hoy en día, pueden pagar $100-$500 y hacer que su casa sea incluida en el MLS. Una vez en la lista, cada Corredor dentro del área puede ver la propiedad y mostrar la casa a posibles compradores. El vendedor ofrece una comisión al Corredor que traiga a un comprador, y el vendedor paga alrededor de la mitad de lo que normalmente pagarían en comisiones. Esta es una manera inteligente de vender una casa, en algunos casos, siempre y cuando faciliten que el Corredor pueda mostrar la casa.

Secreto: Los Corredores odian trabajar con FSBO

¿Por qué? Los propietarios de casas por lo general no saben cómo valuar su propiedad y a la casa se le pone un precio incorrecto por lo regular. Me *encanta* encontrar una gran casa que esté en venta a través de un propietario que tenga un precio mucho más bajo, y me emociona cuando mis clientes obtienen un muy buen trato. Pero, la mayoría de las veces, la casa es demasiada cara y trabajar con el vendedor es muy difícil. Yo trabajo con FSBOs todo el tiempo, pero lo odio. La mayoría no usan una caja candado para dejar la llave a la mano, haciendo necesario que el vendedor de acceso a la propiedad. Eso significa que tengo que hacer una cita directamente con el vendedor, en lugar de hacer una llamada a un servicio que programa todas mis citas, y luego coordinar la hora con el comprador. Cuando llamo al propietario para programar una cita, siempre sospechan de mí y por lo general están de mal humor porque muchos agentes inmobiliarios ya los han contactado para tratar de enlistar o representar su casa. El vendedor insiste en mostrarnos la casa y es incómodo, ya que muchos compradores no se sienten cómodos abriendo puertas y viendo closets cuando el vendedor está presente. La muestra de la casa toma tres veces más tiempo de lo normal porque el vendedor quiere conversar un poco y convencer a los compradores. Además, las casas rara vez valen la pena consideración ya que no tienen a un Corredor que los asesore en cuanto a la mejor manera de presentar su casa a los compradores. Sí, *odio* trabajar con FSBOs.

Aun así, siempre busco FSBOs para mis clientes, pero no de inmediato. Una vez que tenga una muy buena percepción de lo que buscan mis compradores y en dónde, reviso previamente las casas de propietarios y sólo llevo a mis clientes a ver las posibilidades más factibles. También hago un rápido Análisis Comparativo del Mercado (CMA) para ver qué precio tiene la casa, y trato de obtener tanta información como sea posible sobre el vendedor y la casa, en caso de que mi cliente decida realizar una oferta. El vendedor necesita tener una idea de cómo se venden los bienes raíces en mi estado porque yo no soy su agente, y no es mi trabajo ayudarlos a vender su casa.

> *No dejaré que mis compradores gasten un centavo hasta que yo esté convencida de que el vendedor realmente cerrará el trato.*

Después de todo, el vendedor no tiene nada que perder. Mi comprador paga por las inspecciones y avalúos, y perderán cientos de dólares si el vendedor no cierra el trato. Es mi trabajo asegurarme que esto no suceda. Así que si su Corredor no le muestra casas de FSBOs, no suponga que esto se debe a que sean flojos o que estén tratando de esconderle algo. A veces lo están protegiendo de un vendedor que no tiene idea de lo que está haciendo.

Construcciones Nuevas

Hay algunas ventajas al comprar una casa nueva. Primero, está el "olor a casa nueva" y el hecho de que los pies de nadie más han estado en su alfombra. Sobre todo, las casas nuevas ofrecen funciones de ahorro de energía que no se comparan con las casas que son incluso un poco más viejas. Una casa nueva por lo general tiene una garantía transferible por la estructura por un periodo de diez años, lo que incluye los cimientos y soportes, una garantía de los sistemas por diez años que incluye lo eléctrico, tubería y aire acondicionado, y una garantía de un año que cubre desde el piso hasta el techo. Sin embargo, por cada aspecto positivo existe uno negativo, y los negativos van desde lo superficial hasta algo que deshace el trato.

Usted por lo general paga una prima por una construcción nueva, y puede tomar aproximadamente cinco años antes de que realmente empiece a obtener capital sobre su casa. Los constructores empiezan comunidades nuevas en donde hay terrenos abiertos, y por lo general eso significa que su transporte será más largo y que se encontrará más lejos del centro de la ciudad. Cuando el barrio es nuevo, usted realmente no sabe qué tipo de vecinos tendrá hasta después de haberse mudado. El riesgo más grande, sin embargo, implica las condiciones de la casa. Podría tomar un año o más antes de que usted note defectos en la propiedad. En mi zona, el riesgo es provocado por nuestro suelo a base de arcilla, lo que conlleva a un gran número de problemas de cimentación. En su zona, podría ser algo diferente, pero la suposición de que las casas están libres de problemas simplemente porque son nuevas es incorrecta, incorrecta, incorrecta.

Tipos de Casas Nuevas

Existen tres tipos de construcciones de casas nuevas: casas sobre diseño, casas en base a especificaciones, y casas en serie, que se describen a continuación.

Casas Sobre Diseño

Al construir una casa sobre diseño, usted toma todas las decisiones. Usted elije el terreno, el constructor, el arquitecto, los   grifos, techo, aire acondicionado, y todo lo demás.

Por el lado positivo, usted obtiene *casi* exactamente lo que desea, y usted quiere tener algo de control sobre el precio, por lo menos en teoría. Se muda a una casa que no se ve como todas las demás casas de la cuadra, y puede sentirse orgulloso por el hecho de que conceptualizó su visión y la vio llegar a su término.

Ahora- por el lado negativo. El primer obstáculo es encontrar un constructor que pueda entregar todo lo que prometa. Usted tiene que preocuparse de que el constructor revise el presupuesto, se vaya con su dinero o lo lleve a la quiebra, ya sea que puedan o no encontrar mano de obra de calidad para construir su casa, y si su matrimonio sobrevivirá o no el proceso. Las probabilidades son que no terminarán a tiempo, y al final usted probablemente obtendrá el 95 por ciento de lo que deseaba.

Teóricamente, usted podría usar un Corredor como un segundo par de ojos y oídos, pero probablemente no encontrará uno lo suficientemente tonto como para involucrarse.

Casas en Serie

Los desarrolladores que compran un gran pedazo de tierra y lo dividen en lotes mucho más pequeños, construyen lo que se conoce como casas "en serie" y crean subdivisiones. Cuando usted piensa en una casa en serie, podría pensar en desarrolladores como David Weekley, Meritage Homes, Ryland Homes, First Texas, y en otros. Por lo general, el constructor tiene entre 15-20 planos de casas, elije artículos estéticos, personaliza los planos (dependiendo del constructor), y seis meses después usted tiene una casa. Debido al volumen de las casas que se construyen, y los costos más bajos de materiales y mano de obra, las casas en serie son por lo general mucho más baratas que las casas sobre diseño. El precio y la disponibilidad son los aspectos más atractivos de las casas en serie. Sin embargo, usted debe saber que la calidad varía no sólo de acuerdo al constructor, sino también a la zona. No suponga que Bob's Fancy Homes, por ejemplo, construye el mismo producto de calidad en todas las zonas de la ciudad. El precio y su margen de ganancia deseado dictan la calidad de los materiales que utilizan, y en algunas zonas la calidad es *horrible*.

Casas en Base a Especificaciones

Una casa en base a especificaciones (una casa tentativamente en venta) es simplemente una casa en serie que está siendo construida sin ninguna específica en mente. Las casas en base a especificaciones también se conocen como casas de inventario. A los constructores les gusta tener algunas casas listas, o casi listas, para los compradores que necesiten mudarse rápidamente. A veces una casa en base a especificaciones se encuentra disponible debido a que el comprador original se retiró de la transacción por alguna razón. Las mismas ventajas y desventajas que tienen las casas en serie son igual de ciertas para las casas en base a especificaciones. Usted puede por lo general negociar un trato mucho mejor en una casa en base a especificaciones que en una ya construida.

Comprando una Casa en Serie o en Base a Especificaciones

Comprar una casa en serie o una casa en base a especificaciones es *muy* diferente a comprar una casa en reventa, y se dará cuenta que su Corredor es un bien invaluable a lo largo del proceso, debido a las razones aquí mencionadas.

La mayoría de los constructores utilizan su propio contrato en vez de un contrato promulgado por la comisión de bienes raíces de su zona, y el contrato *no* fue creado para ser justo.

> *El contrato fue elaborado para beneficiar al constructor, no a usted.*

Y, aunque varía de acuerdo a la zona, la mayoría de los vendedores trabajando en la casa muestra de un constructor no son Corredores; trabajan para el constructor y no están certificados o regulados por el estado. Eso significa que no tienen un requerimiento legal para tratarlo de manera justa, y los únicos conocimientos que tienen sobre construcción y bienes raíces es lo que han aprendido en sus clases de entrenamiento. Algunos representantes de constructores son mejores que otros, por supuesto. Hay algunos que saben muchísimo sobre construcción y otros que saben mucho sobre diseño de interiores.

> *Sin embargo, lo único que tienen en común es que quieren que usted compre una casa. Realmente no les importa si a usted le gusta la casa, siempre y cuando cierre el trato y no diga cosas malas sobre ellos en internet.*

Los constructores le dan la bienvenida, *y usualmente prefieren,* a compradores que sean representados por Corredores. ¿Le cuesta más utilizar a un Corredor? A veces. La mayoría de los constructores opinan que las comisiones del Corredor salen de su presupuesto de mercadotecnia así que el comprador realmente no paga comisiones, y estoy segura que eso es cierto algunas veces. Por lo general, cuando los constructores venden casas en base a especificaciones, le preguntan al posible comprador si cuentan con un Corredor antes de cotizarles el mejor precio. Ese precio puede ser más alto si hay un Corredor involucrado. Pero no suponga que cualquier dinero extra va a ir a su bolsillo si usted decide no tener a un Corredor que lo represente. Probablemente no sea así. El constructor podría hacer que parezca un buen trato delante de usted, pero por atrás lo compensarán, y usted nunca sabrá la diferencia.

No regatee los honorarios que se le pagan a un Corredor por su experiencia; ¡ellos están ahí para evitar que lo timen!

Si no contrató a un Corredor, tendría que pagarle a un abogado, y los abogados no saben mucho sobre la compra de una vivienda, más allá del contrato y el trabajo de escrituración. Si tiene planeado tener un Corredor que lo represente durante la compra de una casa recién construida, asegúrese de mencionarle al vendedor que cuenta con representación durante su primera visita (si su agente no va con usted). O, mejor aún, de al constructor la tarjeta de su Corredor y pídale que se ponga en contacto con él en lugar de con usted, para darle la información. Enviará una señal de que no van a poder timarlo, y garantizará que el constructor trabaje con su Corredor, ya que algunos constructores requieren que su agente sea mencionado durante su primera visita a su casa modelo.

Lo Que Usted Necesita Saber Sobre una Construcción Nueva

Las casas en base a especificaciones son comúnmente listadas en el MLS para que su Corredor se las pueda mostrar a usted justo como cualquier otra casa incluida en el MLS. Si usted visita la casa modelo por su cuenta, el vendedor del lugar le puede mostrar una lista de casas que se encuentren disponibles de manera inmediata o dentro de uno o dos meses. Aquí hay algunas cosas que usted debería saber sobre comprar una casa en base a especificaciones o sobre la construcción de una casa en serie:

- Los constructores se encuentran más ansiosos por vender sus casas basadas en especificaciones primero, y aquí está el por qué. La tasa de intereses sobre casas en construcción (financiamiento de construcción) es mucho más baja que la tasa sobre casas que están terminadas o que están listas para ser habitadas. Resulta caro para los constructores mantener casas en inventario; así que las casas basadas en especificaciones son por lo general mucho más negociables que las casas ya construidas, especialmente si puede cerrar el trato de manera rápida.

- A los constructores no les gusta reducir sus precios y arriesgarse a hacer enojar a otros compradores que pudieron haber pagado más. Usted puede por lo general esperar una pequeña disminución en el precio pero un gran número de mejoras "gratuitas" como en azulejos y granito.

- La casa que compre no se parecerá en nada a la casa muestra. Los constructores utilizan materiales de más alta calidad en sus modelos, y sus modelos están montados para atraer compradores. De hecho, existe toda una industria dedicada a este propósito. Yo sugiero que ni siquiera camine por la casa muestra, a menos que sólo esté buscando ideas para decoración. Vea una de sus casas en base a especificaciones o una en construcción que esté casi terminada. No se deje engañar por humo y espejos.

- Aun así necesitará una inspección de la casa nueva. De hecho, la necesita más dado que usted será la primera persona en habitar la casa.

- Si está construyendo una casa, el vendedor querrá elaborar el contrato que refleje el precio de venta más una lista detallada de mejoras y los acabados, y se espera que usted decida mucho antes de ir a ver las muestras de los acabados. Una mejor forma es negociar una cantidad en dólares o un presupuesto a utilizar en el la adquisición de acabados.

- Al construir una casa, asegúrese de insistir en una inspección antes de que se coloque la placa de yeso para asegurar de que el espacio entre los postes se encuentre limpio. Es común que los trabajadores deben basura y comida en las casas vacías y que la basura y el aserrín se quede entre las paredes.

- Nunca, nunca, nunca compre una casa a un constructor sin antes investigar su reputación en internet. Y no tenga miedo de hablar con los vecinos y averiguar sobre su experiencia.

- Aunque las casas nuevas vienen con todo tipo de garantías, no asuma que el constructor las va a respetar, incluso cuando utilicen otra compañía aseguradora. Las compañías aseguradoras cierran todo el tiempo, y tienen todo te pido de cláusulas de "salida" que pueden utilizar para evitar arreglar su casa. Es mejor pretender que está comprando una casa en reventa y esperar que tenga suerte cuando presente una reclamación por garantía.

- Los constructores prefieren acreedores o podrían incluso tener su propia compañía hipotecaria y compañía de títulos de propiedad. Comúnmente le ofrecen $5,000 por costos de cierre, por ejemplo, si usted utiliza a su acreedor. Ellos afirmarán que sus tarifas son competitivas, pero usted *debe* averiguar y hacer su propia investigación. Los constructores dirán que prefieren a sus propios acreedores porque pueden controlar el proceso de préstamo, pero eso no es verdad. Tener una compañía hipotecaria es otra fuente de ingreso para los constructores. Como comprador, todo se trata de los cálculos. El préstamo más económico, después de tomar en cuenta la contribución del constructor en sus costos de cierre, es lo que le da un buen negocio. Costo significa el costo total, no el costo por adelantado. Usted perderá dinero si el constructor le da $5,000 en costos de cierre pero le ofrece una tasa de intereses del 4.5, cuando usted puede obtener un 4.25 por ciento o menos a través de otra compañía hipotecaria. A la larga, usted ahorrará mucho más que $5,000 cuando obtenga un préstamo con una tasa de intereses más baja. No sea rehén de los $5,000 y de los juegos de los constructores. Muchos de mis compradores se dan cuenta que es más barato utilizar su propio acreedor.

- Los constructores también ofrecen incentivos para usar su compañía de títulos de propiedad, si están afiliados con alguna. El incentivo es que ellos pagarán su póliza de título de propiedad. Si éste incentivo se ofrece por separado del incentivo de la hipoteca, puede ser un muy buen trato. Si no, nuevamente, todo se reduce a las matemáticas.

Entiendo el encanto de comprar una casa nueva. Cuente con un buen agente que lo represente, pero investigue, saque cálculos y espere lo mejor.

Embargos Hipotecarios y Remates

Cuando el propietario de una casa deja de realizar el pago de su hipoteca, el banco le quita la casa en un proceso llamado embargo hipotecario. Un remate es una casa que se vende por menos del saldo que queda en su hipoteca. Los bancos deben autorizar los remates, y es comúnmente benéfico para ellos hacerlo ya que recuperarán más dinero de lo que recuperarían si la casa fuera embargada.

Las técnicas utilizadas para comprar una propiedad que ha sido embargada, y los riesgos que implica hacerlo, están fuera del alcance de este libro. Mi experiencia con embargos me ha demostrado que es difícil hacer que los cálculos funcionen. Digamos que hay una propiedad que le pertenece al banco (embargo) que le interesa, y que el precio de venta es de $200,000. Usted calcula que la casa necesita aproximadamente $35,000 en reparaciones y mejoras. Su Corredor analiza el mercado y determina que casas de tamaño similar y en buenas condiciones se venden a un promedio de $245,000. Suponiendo que no tenga sorpresas inesperadas, usted arregla la casa y obtiene unos $10,000 de ganancia. ¿Estos $10,000 son suficientes para justificar el importante riesgo y esfuerzo que implica el comprar propiedades que por lo general se encuentran en malas condiciones? Para algunos lo es. Lo era para mí cuando empecé a ver casas. Pronto me di cuenta que estaba ganando menos del salario mínimo por mis esfuerzos y aprendí que tenía que empezar a comprar casas mucho más económicas si iba a ganarme la vida buscándolas.

Es muy difícil, en mi opinión y en este mercado, comprar una casa embargada lo suficientemente económica para que valga la pena el esfuerzo y justifique los riesgos. La única excepción que he encontrado implica casas de lujo de alta categoría que cuestan más de un millón de dólares. Así que si usted está en el mercado buscando una casa de varios millones de dólares, debería mantener los ojos abiertos para encontrar un buen embargo. De otra forma- comprador, tenga cuidado.

Vale la pena buscar remates bajo ciertas circunstancias. El problema, sin embargo, es que el banco puede tomar varias semanas, o incluso meses, para autorizar el contrato. Puede tomar un año cerrar el trato. Si usted está buscando remates, concéntrese en aquellos que ya tienen la autorización del banco, y ahórrese meses de no sabe si va a poder compare esa casa en particular. Simplemente no es inteligente inmovilizar su dinero de esa manera.

Comprar una casa sin un Corredor

Si ya encontró una casa o tiene una relación con alguien que esté vendiendo su casa, puede contratar a un Corredor o a un asesor de bienes raíces para manejar la transacción por usted. El Corredor sería una parte neutral dentro de la transacción que elaboraría las ofertas y las modificaciones, manejaría las inspecciones, y guiaría tanto al vendedor como el comprador hacia el cierre. El costo se divide generalmente entre el comprador y el vendedor. Tal vez usted tenga que encontrar a un agente independiente dado que muchos de los corredores de bienes raíces grandes no trabajan de esta forma.

{ 3 }

Buscando Casa

Una vez que sepa qué quiere comparar, en dónde lo quiere comprar, y cuánto puede pagar, es momento de ir a buscar casa. Me he dado cuenta que un enfoque metódico es lo mejor, como se describe en la siguiente sección.

Deshágase de los Perros

Revise la lista que recibió de su Corredor y deshágase de los "perros". Los perros son casas que tienen problemas de estructura, están rodeadas de cables eléctricos o propiedades comerciales, o son obviamente basureros, a menos que esté buscando una casa para arreglar, por supuesto. Por lo general puede eliminar muchas casas al ver simplemente las fotografías y leer sus descripciones. Si recibió una lista electrónica, podrá ver muchas fotografías de cada casa, e incluso hacer recorridos virtuales.

Si quiere una casa en perfectas condiciones, deshágase de cualquier cosa que diga "especial para reparadores" o "traiga sus ideas de decoración". Si quiere rehabilitar una casa, deshágase de las casas que digan "La Sra. Limpieza vive aquí" o "¡en perfectas condiciones!"

No elimine demasiadas casas basándose estrictamente en el exterior; el interior podría ser espectacular y valer la pena echarle un vistazo.

El paisaje exterior puede ser fácil de arreglar. Su meta es deshacerse de las casas que no le sirven. Las que pasan el primer filtro son las "Posibilidades."

Reduciendo las Posibilidades

Las posibilidades son las casas que valen la pena explorar. Comience por reducir la lista de sus Posibilidades al ir a Google Maps para ver los alrededores de la casa, si no resultaron obvios en la fotografía. Si usted nota que la parte trasera de la propiedad está rodeada por cables de electricidad, propiedades comerciales, calles con tráfico, o vías del tren, cámbiela a la lista de "Rechazadas". Muchas veces puede ver encuestas, publicaciones, planos, y otra posible información relevante.

Conforme revise su lista, encontrará cosas que lo entusiasmarán y otras sobre las cuales no esté seguro. Cambie las que le entusiasman a su lista de "Favoritas" y deje el resto en la de "Posibilidades". Envíe ambas listas a su agente, y programe un tiempo para visitar sus Favoritas. Una vez que su agente tenga una buena idea lo que a usted le gusta, él o ella podrán explorar su lista de "Posibilidades" por usted y llevarlo a ver aquellas que le puedan funcionar. Su agente lo conocerá más en base a las casas que usted eligió.

Viendo Casas

En su primera visita a una casa, vea si le gusta cómo se siente antes de pasar mucho tiempo ahí. Si las condiciones de la casa le provocan nauseas, siga adelante. Se sorprenderá de cuántas casas que se ven hermosas por fuera o en las fotografías son realmente perros por dentro. No va a herir los sentimientos de su agente si a usted no le gusta la casa, y no tiene sentido perder tiempo en una casa que odia. Si se da cuenta que le gusta cómo se siente la casa, analice los planos y trate de visualizar cómo viviría ahí. Conforme camina alrededor, haga anotaciones mentales sobre las condiciones generales de la casa. Esté atento por si observa grietas en las paredes, pisos inclinados, daño causado por agua, moho, y otras áreas problemáticas. Aquí hay una lista de otras cosas que considerar al ver una casa.

Planos

El flujo de la casa tiene que tener sentido. Necesita el número adecuado de dormitorios y un lugar para que todos los miembros de la familia trabajen, jueguen y duerman. Ya que las personas viven de manera diferente, los planos no son "unitalla". Aquí hay algunas reglas generales que aplican a la mayoría de las personas:

Paquete - Sala & Comedor

Por lo general trato de alejar a los compradores de un "paquete" o un plano amontonado. (Figura 1). En un plano paquete, la sala y el comedor son un espacio grande, que abarca gran parte del frente de la casa. La mayoría de las personas no quieren una sala, prefiriendo mejor un espacio para una oficina en casa. En un plano paquete, hay mucho espacio desperdiciado. Busque por cuartos separados en lugar de amontonados, que se describe a continuación.

Figure 1: Living Room/Dining Room - Combo

Sala & Comedor - Separados

Un plano separado (Figura 2) tiene el comedor de un lado de la puerta principal y la sal del otro lado. Añadir puertas francesas a la sala la convertirá en una oficina en casa.

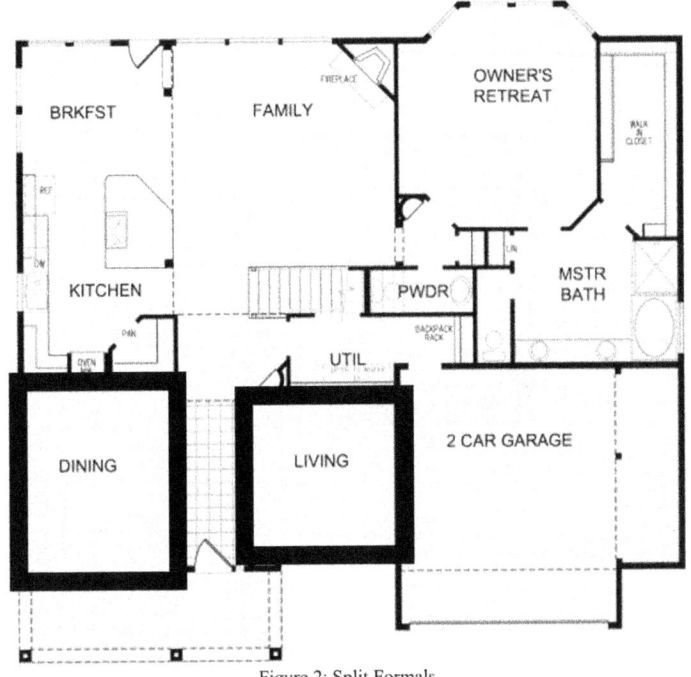

Figure 2: Split Formals

Concepto de Cocina Abierta/Cuarto Familiar

El concepto de cocina abierta (Figura 3) es aquel en el que la cocina, el desayunador, y el cuarto familiar se encuentran en un sólo espacio grande en lugar de en áreas pequeñas divididas. Generalmente hablando, este tipo de espacio es muy, muy popular.

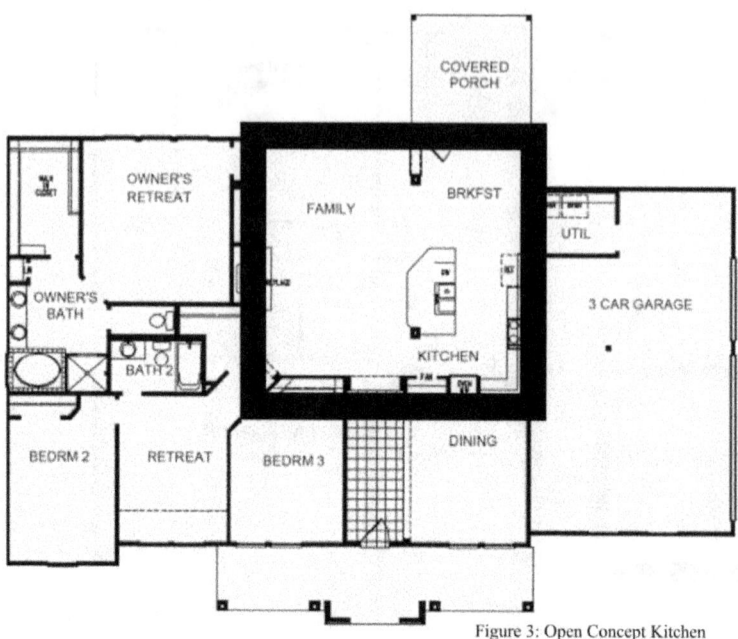

Figure 3: Open Concept Kitchen

Recámara Principal

Un gran porcentaje de casas nuevas tienen el dormitorio principal en el planta baja. El beneficio que se observa es que los adultos se encuentran en la planta baja y los niños en la planta alta, así que la planta baja se conserva más limpia y más silenciosa. Algunos compradores han aprendido de mala manera que es extremadamente difícil tener a un nuevo bebé en el primer piso, lejos de Mamá y Papá. La decisión es suya. Los compradores de hoy en día siguen prefiriendo el dormitorio principal en la planta baja, incluso cuando saben que la cuna y el cambiador podrían termina en un rincón de la recámara principal, por lo menos por un tiempo.

Sea consciente de la ubicación del dormitorio principal en la planta baja. La ubicación que la mayoría prefieren es en la parte trasera de la casa, pero debe haber por lo menos un pequeño pasillo para separar el dormitorio principal del cuarto familiar (Figura 4). En otras palabras, usted no debe poder ver hacia el interior del dormitorio principal desde el cuarto familiar.

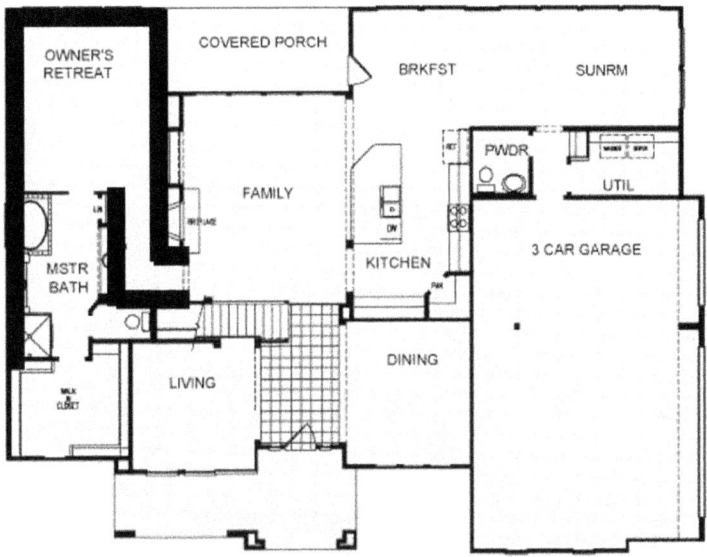

Figure 4: Master down with separation from family room

Los dormitorios principales ubicadas en la parte de enfrente de la casa no son tan preferibles como aquellas ubicadas en la parte trasera (Figura 5). Aunque esto no necesariamente hace que se desheche un trato, usted podría perder a muchos compradores cuando sea momento de revender la casa. Un plano ideal y que se busca mucho es uno que tenga tanto la recámara principal como un segundo baño en la planta baja, y dos o tres recámaras en la planta alta, como en la siguiente imagen.

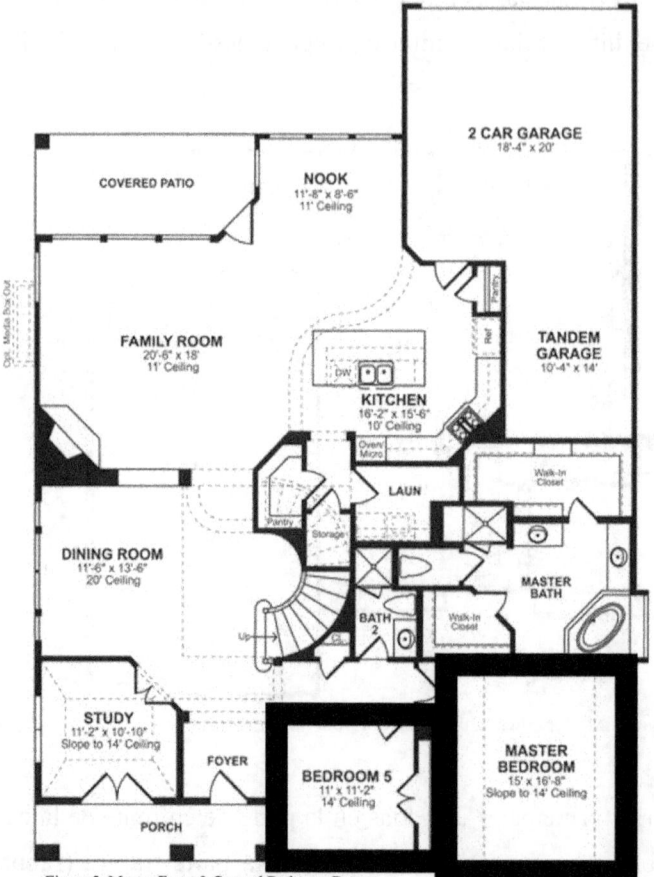

Figure 5: Master Front & Second Bedroom Down

Cocina

Una distribución ideal es aquella en que la cochera da a un cuarto de servicio, el cual lleva a la cocina, para que no tenga que cargar sus compras desde la cochera, a través de la casa y a la cocina (Figura 6). También se ilustra en este ejemplo la rara ubicación del cuarto de servicio, junto al espacio de la sala.

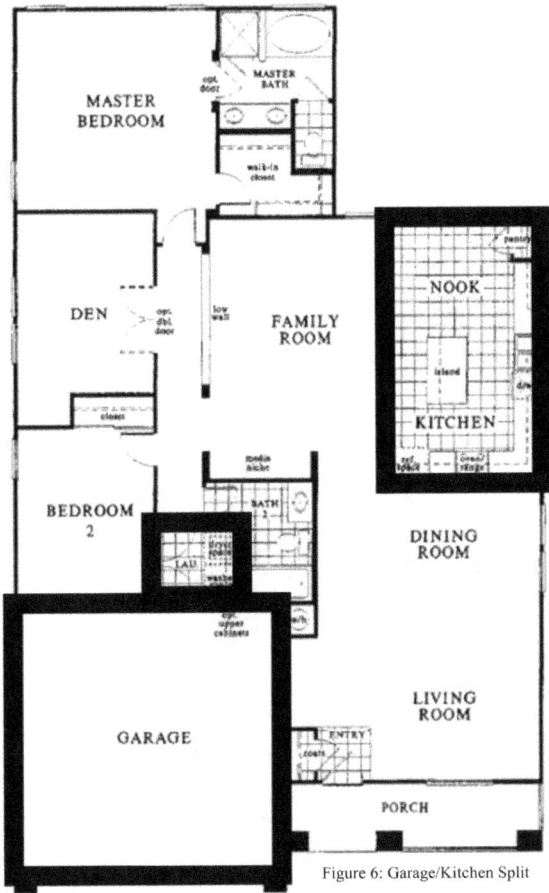

Figure 6: Garage/Kitchen Split

Recámaras Separadas

En casas de un solo piso, las casas divididas en tres partes le dan a los miembros de la familia algo de privacidad. Como se puede observar en la Figura 7, las recámaras están ubicadas en lados opuestos de la casa, separadas por el cuarto familiar.

Figure 7: Split Bedrooms

Reventa

El secreto para comprar una casa con buen potencial de reventa es comprar una que atraiga al mayor número de compradores. *Dicho de otra manera, ¡no compre una casa que tenga alguna característica que nadie en su sano juicio querría!* Eso significa alguna de las siguientes opciones: casas en malas ubicaciones junto a calles muy concurridas; escuelas, propiedades comerciales, o cables eléctricos; casas sin cochera, sin alacena, o sin closets para blancos; casas que tienen el jardín más pequeño del barrio; y/o casas con closets pequeños, etc. Los propietarios de este tipo de casas tratarán de distraerlo con los hermosos jardines, los pisos de madera, los accesorios de acero inoxidable. No compre el problema de alguien más. ¡Simplemente no lo haga!

Condiciones de la Propiedad

Si usted está trabajando con un agente exclusivo para compradores, él o ella indudablemente podrán ayudarle a detector defectos evidentes en las condiciones de la casa, y reconocerán distribuciones muy poco favorable. Los Corredores no son inspectores pero usted debe poder apoyarse en ellos para señalar problemas que sean obvios como el techo o problemas de cimentación. Mi garantía personal que doy a mis compradores/clientes es que si la inspección descubre algo que haga que se alejen de esa casa, yo pagaré la siguiente inspección.

No es absurdo esperar que el agente que usted contrate tenga el mismo nivel de conocimientos y confianza en sus habilidades.

Se requiere que el vendedor le informe a usted sobre todo lo que sabe que se encuentre mal con la propiedad. Entre su agente y el vendedor, usted deberá tener una muy buena idea de las condiciones de la propiedad antes de contratar a un inspector. La siguiente sección incluye algunas reglas generales en cuanto a qué buscar al momento de evaluar una propiedad. Tenga en cuenta que se utilizan diferentes materiales en diferentes partes del país, y esta lista no tiene la intención de incluir a todos.

Techo

Si el techo tiene más de 15-20 años de antigüedad, la probabilidad es que necesite cambiarse. Pero techos más nuevos también pueden fallar. Observe si hay tejas que se estén levantando, que estén agrietadas o que falten, con orillas curveadas, y tome nota de las áreas en las que los gránulos se hayan desgastado. También observe si hay manchas de agua en la parte interna del techo.

Cimientos

Los problemas en los cimientos por lo general son causados por un mal drenaje, o una mala construcción, lo que provoca que los cimientos se muevan o se asienten. Algunas señales de problemas de cimentación incluyen puertas y ventanas que ya no abren o cierran, grietas en el yeso y grietas en los ladrillos. Algunas pistas que no son tan obvias son grietas en las losetas que algunas veces se pueden observar en pisos vinílicos, azulejos agrietados que no están planos y un piso inclinado.

Rociadores

Es muy común que las cabezas de los rociadores se rompan, comúnmente cuando alguien pasa la máquina para cortar pasto por encima de ellos. La caja de control ubicada en la cochera enciende y apaga el sistema, y por lo general está dividida en áreas para el frente, la parte de atrás y los lados. Asegúrese de saber qué está comprando. Algunas casas tienen rociadores instalados en el frente o atrás. No querrá pagar de más por una casa al suponer que el jardín está lleno de rociadores.

Aires Acondicionados y Calefacción

Su inspector revisará la calefacción y los aires acondicionados para verificar su funcionalidad, pero es importante que usted tenga una idea de su antigüedad y sus condiciones en general antes de realizar una oferta. Revise las unidades tanto por dentro como por fuera, y tome nota si hay polvo u oxidación en las rejillas de ventilación. Un mantenimiento inapropiado reducirá significativamente la vida de los sistemas de calefacción y de enfriamiento. Si las unidades son muy viejas o parecen estar descuidadas, asegúrese de tomar en cuenta el costo por cambiarlas dentro de su oferta.

Ventanas

Cuando entra aire entre dos pedazos de cristal en una ventana de doble panel, la condensación puede provocar ventanas empañadas. La única solución a esto es cambiar el cristal. Su inspector revisará todas y cada una de las ventanas, pero trate de tener una idea general de sus condiciones antes de hacer una oferta. Si la casa necesita ventanas nuevas, el costo se elevará a miles.

Plomería

Su inspector revisará el sistema de plomería, pero tome nota de grifos que gotean, regaderas, e inodoros, y también determine la antigüedad del calentador de agua viendo la etiqueta que se encuentra en la unidad. Si el calentador de agua es viejo y está ubicado en el ático, querrá cambiarlo ya que una gotera dañará el interior de la casa. Si está ubicado en la cochera, todos los calentadores de gas y algunos eléctricos deben estar instalados a dieciocho pulgadas del suelo y deberán tener un depósito de expansión. Se requiere que cuente con correas en zonas sísmicas.

Orientación

La dirección hacia la que da una casa se le llama su "orientación" y es cuestión de preferencias personales. En algunas culturas, una casa que da hacia el este es considerada con suerte y el comprador no consideraría ninguna otra orientación. Si el frente de la casa da hacia el norte, el jardín trasero tendrá más sol durante el verano. Las casas que dan hacia el sur por lo general tienen sombra en el jardín trasero durante la tarde, lo cual es preferible en climas calientes. La distribución y ubicación de los dormitorios determinará el grado de comodidad de la casa.

Plagas

Su acreedor podrá necesitar un certificado de parte de su inspector en donde exprese que la casa se encuentra libre de termitas y otros bichos. Incluso si no es un requisito del acreedor, usted sin duda querrá saber si la casa tiene una infestación de termitas o si la casa ha sido fumigada contra termitas en el pasado. Si ha habido fumigaciones pasadas en la propiedad, averigüe si fueron fumigaciones parciales o si se fumigó toda la casa. Algunas veces, si sólo se fumigo una parte de la casa, las termitas simplemente se irán de un lado de la casa a otro.

Pintura a Base de Plomo

Las casas que fueron construidas antes de 1978 por lo general han sido pintadas con pintura a base de plomo. Es obligatorio que el vendedor o su agente le proporcionen el manual EPA titulado "Proteja a Su Familia del Plomo en Su Hogar."

El vendedor deberá informar sobre cualquier riesgo conocido por pintura a base de plomo y darle cualquier registro que sea relevante. El riesgo de la pintura a base de plomo es cuando los niños o las mascotas la ingieren, debido a que puede provocar daño cerebral. Normalmente, las casas que originalmente tenían pintura a base de plomo han sido pintadas nuevamente muchas veces a través de los años, y esto reduce los riesgos de manera importante.

Peligros Ambientales

También es necesario que los vendedores informen sobre cualquier peligro ambiental del que estén enterados como fugas de tanques subterráneos de petróleo, presencia de radón y asbesto, y tuberías de plomo, entre otros. Pueden haber graves consecuencias de salud y económicas relacionadas con la solución de estos peligros; sepa qué es lo que está comprando y los riesgos que está asumiendo.

Planicie Aluvial

Usted necesita saber si la casa se encuentra ubicada en una planicie aluvial. Si lo está, su acreedor va a necesitar seguro contra inundación. El gasto extra podría o no ser motivo para cancelar el trato, pero usted tiene derecho a conocer sus riesgos y responsabilidades antes de firmar en la línea punteada. Puede ir a http://www.floodsmart.gov/floodsmart/ para revisar los mapas de inundaciones en su zona.

Perturbaciones

Cuando usted se encuentre en la casa, trate de escuchar ruidos que podrían volverlo loco, como el ladrido de los perros, el tráfico de las escuelas o restaurantes locales, aviones, trenes y ruido de carreteras lejanas. Recuerde, incluso si esto no le molesta durante el día, el ruido podría irritarlo durante la noche.

Reduciendo la Lista

La verdad es que no existe la casa perfecta. Inclusive las personas que construyen una casa sobre diseño encuentran cosas que desearían haber diseñado de forma distinta. Con algo de suerte, usted terminara con una lista corta de dos o tres casas. Entonces ¿cómo decidir qué casa comprar? El secreto para comprar una casa sin perder hasta la camiseta es primero utilizar la cabeza, y luego el corazón.

Como lo hacían en los viejos tiempos, saque su block amarillo, dibuje una línea hacia bajo y por en medio de la página y anote los aspectos positivos de su posible casa de un lado y los aspectos negativos del otro lado; cada finalista tendrá su propia página. Con suerte, usted ya habrá eliminado las casas en malas ubicaciones, con mala cimentación y con una distribución inadecuada, y se quede con las casas que son inversiones perfectamente seguras con un buen potencial para reventa. Ordene sus opciones, y compare y contraste las dos mejores opciones.

Las Dos Mejores

Aun así necesita más información sobre sus mejores opciones. Pídale a su agente que le envíe los siguientes documentos de cada casa, aunque si él o ella son buenos agentes, no tendrá que pedirlos:

Análisis Comparativo de Mercado (CMA)

Su agente investigará más información sobre propiedades comparables dentro de la zona utilizando el MLS, incluyendo propiedades a la venta en este momento o activas, ventas pendientes, y propiedades ya vendidas. Después de hacer ajustes en cuanto a las condiciones de la propiedad y otros factores, él o ella le recomendarán un precio de venta para la casa. No se sorprenda si se recomienda un rango de precio, en vez de un precio fijo. Al revisar el CMA, usted sabrá inmediatamente si el precio de la casa es demasiado alto o demasiado bajo.

Es muy fácil para su Corredor manipular las cantidades para que parezca que una casa vale más o menos de lo que realmente vale. Pídale a su agente que le envíe todos los datos en bruto que han utilizado en su reporte, incluyendo las propiedades activas, las propiedades expiradas y una lista de casas vendidas además las casas que se han vendido pero que aún no han cerrado el trato. Con suerte ellos no olvidarán "accidentalmente a propósito" enviarle un ejemplo que podría tener un impacto importante en el precio de la casa.

Precio/Pies Cuadrados

A las casas más grandes se les da un precio menor por pie cuadrado, y a las casas más chicas se les da un precio mayor por metro cuadrado. ¿Por qué? El valor del terreno tiene que acumularse al precio de la casa. Mientras más pequeña sea la casa, más se acumula su valor.

No resulta útil tomar el precio promedio por pie cuadrado de las casas del barrio y multiplicarlo por los pies cuadrados para llegar a una oferta. Sin embargo, la información es útil para dar seguimiento a las tendencias y asegurarse de que la casa tenga un precio que sea comparable a otras casas de mismo tamaño y con las mismas condiciones.

Reporte de Información del Vendedor

Puede que se llame de diferente forma en su estado, pero es obligatorio por ley que los vendedores informen todo lo que sepan respecto a la propiedad. En Texas, hacen esto a través de un formato autorizado por la Comisión de Bienes Raíces de Texas, llamado Reporte de Información del Vendedor. Con este reporte usted sabrá cuál es la antigüedad y condiciones de todos los componentes de la casa.

Revise este reporte con mucho cuidado y recuerde que la exactitud de este reporte depende de los conocimientos que el vendedor tenga sobre la propiedad así como de su integridad.

Sí, algunos vendedores mienten para poder presentar su casa con la mejor apariencia posible. Por eso es que usted necesita una inspección.

Registros Fiscales

Usted o su agente pueden entrar a través de internet a la página web del asesor de impuestos y descubrir todo tipo de información sobre la propiedad. Mientras esté investigando, trate de averiguar lo siguiente:

Discrepancias en los Pies Cuadrados

Los pies cuadrados que aparecen en los registros fiscales podrían ser muy diferentes a los pies cuadrados que menciona el vendedor. Una variación de 100 pies cuadrados a $90/pie cuadrado son $9,000! Sepa qué es lo que está comprando.

Impuesto sobre el Valor Estimado (TAV)

El valor catastral o TAV (por sus siglas en inglés) *no* es lo mismo que el valor comercial; no suponga ni por un segundo que el TAV es el precio que deberá pagar por la casa. Usted paga impuestos de propiedad en base al TAV, y esta cantidad es normalmente más baja que el valor comercial. Si esta cantidad es más alta de lo que su agente le comentó que valía la casa, investigue por qué puede ser esto. Además, también vea si el TAV ha aumentado o disminuido cada año. Si se encuentra de manera consistente con una tendencia hacia la baja, entonces usted podría encontrarse en una zona con un valor que tiende a la depreciación. ¿Por qué bajan los precios? Podría ser que esa zona estaba sobrevaluada en primer lugar, pero tiene que estar seguro de ello. O, podría ser sólo un indicador del mercado de bienes raíces en general.

Datos Demográficos de la Zona y Pormenores

La mayoría de los agentes tienen acceso a este tipo de información y pueden presentársela a usted en un lindo y pequeño paquete. Usted no tiene que adivinar quiénes son sus vecinos; ¡la información se encuentra disponible de manera gratuita! Utilice esta información como piezas de un rompecabezas para saber todo lo que pueda sobre la propiedad y la zona antes de elaborar una oferta y gastar algo de dinero.

Informe de Antecedentes

No es difícil conocer los antecedentes de una propiedad. En el sitio web del asesor de impuestos usted debería poder conocer cuándo compró la casa el vendedor, a quién se la compró, y cuántos propietarios anteriores hubo. Usted puede a veces averiguar cuánto pago el vendedor y la cantidad original de su préstamo. Ayuda a saber cuánto capital tiene un propietario, si usted lo puede averiguar. Si, por ejemplo, el vendedor debe más de lo que vale la casa hoy en día, el vendedor se encuentra "de cabeza" y necesitará llevar dinero a la mesa de cierre. Usted necesita asegurarse de que ellos cuenten con el efectivo para vender la casa. Si no, estará lidiando con una transacción de remate, la cual se describió anteriormente.

{ 4 }

Ofertas & Negociaciones

Para algunos, negociar el trato es la parte más estresante del proceso de comprar una casa. ¿Cuánto deberíamos ofrecer? ¿Cuánto es demasiado? ¿Cuánto es poco? ¿Hay otras ofertas? ¿Es ésta la casa correcta?

Estas preguntas y algunas otras les ocasionan a los compradores muchas noches sin dormir. ¿Yo? Me encanta negociar el precio en términos de una transacción. Me encanta el crear estrategias, la oportunidad de ser más inteligente que la competencia, y la emoción de conseguirle a mi cliente una casa que le encante a un muy buen precio. Las siguientes secciones describirán el proceso en detalle.

Hacer una Oferta

Aquí es cuando el arte del juego comienza, y es por eso que usted necesita a un negociador fuerte que lo represente. Antes de hacer una oferta, pídale a su agente llame al agente del vendedor para ver si tienen otras ofertas o contratos. Usted no querrá perder su segunda opción si la casa que era su primera opción ya fue vendida. Esta llamada será la oportunidad para que su agente sepa cómo se mueve el vendedor y qué tan desesperado está por vender la casa. Si el agente que representa la propiedad está prácticamente rogando por una oferta, puede presentar una oferta más baja.

El vendedor podría estar en medio de la negociación de un contrato con otro comprador. Si tienen un acuerdo verbal y sólo están esperando firmar, es hora de seguir adelante. O, si a usted realmente le encanta la casa, aún puede presentar una oferta y será obligatorio que el agente del vendedor se la presente al vendedor/cliente (a menos que el vendedor le haya dado instrucciones al agente de no presentarle más ofertas). Por lo menos, su contrato podría estar en una posición de respaldo.

El agente del vendedor le dirá sin duda alguna a su agente que presente su mejor oferta para tratar de derribar al primer comprador. En mercados muy competitivos, usted realmente tendría que presentar el mejor precio, pero en mi zona normalmente aconsejo a mis clientes no entrar en ese juego. Prefiero presentar aproximadamente la misma oferta que hubiera presentado de todas formas, pero realmente vendo las referencias de mi cliente y su compromiso para cerrar el trato. También aliento a mis compradores a adaptarse al periodo de tiempo en que el vendedor desea cerrar el trato, de ser posible. Su primera meta debe ser ganarle a otro comprador y la siguiente sería negociar el precio y los términos. Ser flexible en cuanto a la fecha de cierre le puede ayudar a lograr esto..

Algunas veces el agente del vendedor afirmará que están esperando una oferta sobre la propiedad "en cualquier momento" y lo animará a presentar su oferta tan pronto como sea posible. O, le dirá cuánta gente ha expresado su interés en la casa y tratará de convencerlo de que la casa se va a vender muy pronto. Estas son obviamente estrategias de venta utilizadas para generar una oferta sobre la propiedad.

Su agente no puede saber con seguridad si el otro agente está siendo honesto o si sólo está jugando.

Vea cuánto tiempo lleva la casa en el mercado. Si es una propiedad recién en venta y es una muy buena casa, el agente podría estar diciendo la verdad.

Si ha estado en el mercado por más de un mes o dos, probablemente no haya tal guerra de ofertas, y el agente probablemente esté jugando.

La Oferta Inicial

En base a todo lo que averiguó mientras investigaba la propiedad, necesita elaborar su oferta inicial. Esta cantidad estará basada en las condiciones de la propiedad, días en el mercado, el CMA que elaboró su agente, y lo qué usted percibe como la decisión del vendedor por vender su casa. Utilizo la palabra "percibir" porque usted nunca sabe realmente cuál es la situación del comprador.

Como se mencionó en la sección anterior, el precio no es el único aspecto negociable a incluir al elaborar una oferta. Si usted sabe que va a pedir un descuento por la alfombra, incluya esto en su oferta inicial. Si sabe de ciertas reparaciones que se requieran, pídalas desde el inicio. Puede ser específico en cuanto a la fecha de cierre o dejarla en blanco y dejar que el vendedor elija la fecha. Su agente elaborará la documentación y creará la oferta en base a las leyes de su estado. Después de obtener su firma y el depósito solicitado, presentará la oferta al agente del vendedor, quien a su vez la presentará al vendedor.

Otros Puntos de Negociación

Hay otras cuestiones además del precio que garantizan una negociación difícil. En la siguiente sección se describen estas cuestiones.

Posesión

El momento en que un vendedor desocupa la propiedad y en el que el comprador toma posesión de ésta es la fuente de muchos conflictos posibles. Los vendedores no quieren irse de su casa hasta estar absolutamente seguros de que se cerró la transacción, y los compradores no siempre se sienten cómodos con que los vendedores sigan habitando las casas que acaban de comprar. ¿Qué tal si no se van?

Los procedimientos habituales varían de acuerdo al estado. En California, por ejemplo, el comprador no toma posesión hasta que la escritura haya quedado registrada. En Texas, es común que al vendedor se le den 48 horas para desocupar la propiedad después del cierre. Si la propiedad estuviera desocupada, los compradores pueden por lo general tomar posesión después de haber liberado los fondos.

Los términos en cuanto a la posesión de la propiedad deben de ser acordados antes de que usted realice la oferta de compra, ¡y se deberán acordar los detalles por escrito!

Usted nunca, nunca, nunca deberá permitir que el vendedor permanezca en la casa después del cierre sin antes firmar un Acuerdo Temporal de Arrendamiento.

Si se rehúsan a desocupar la propiedad, usted necesitará un contrato de arrendamiento para desalojarlos. Si no utiliza un contrato de arrendamiento, será necesario que usted vaya a juicio para poder desalojarlos. Asegúrese de incluir una cuota por demora, de manera que si el vendedor no se sale a tiempo usted pueda ser compensado.

Si el vendedor va a ocupar la propiedad por 48 horas, yo por lo general no pido un depósito o renta. Espero que si mi vendedor les facilita la mudanza, ellos actuarán recíprocamente al cuidar bien la propiedad y limpiar la casa cuando se vaya. Si el vendedor se va a quedar por más tiempo, le solicito a la compañía de títulos de propiedad que retenga algunos cientos de dólares de las ganancias del vendedor en caso de que dañen la propiedad. Si se van sin ningún problema, el dinero se libera rápidamente.

Depósito en Garantía

El objetivo del depósito en garantía es demostrar que usted es honesto en cuanto a comprar la propiedad. En un mercado dinámico de vendedores, usted podría que poner más depósito en garantía para parecer más interesado en la casa que otro comprador que esté compitiendo. En mercados lentos o con vendedores motivados por la desesperación, usted siempre puede salirse con la suya con menos. Siempre y cuando se apegue a los términos del contrato, le regresarán su dinero durante el cierre como crédito para sus gastos de cierre o enganche. Su Corredor debería incluir contingencias en su contrato (como se mencionó anteriormente) para proteger su depósito en garantía en caso de que la casa no pueda ser valuada, no le autoricen el financiamiento, o no se pueda asegurar la casa.

Fecha de Cierre

Ajustarse al vendedor en cuanto a la fecha de cierre es una manera fácil de robarle la casa a otro comprador. ¡Vender una casa puede ser tan estresante como comprar una! El vendedor podría encontrarse bajo un contrato para comprar una casa distinta, pero por lo general no pueden calificar para una nueva hipoteca hasta que su casa actual haya sido vendida y se haya cerrado el trato. Además, ellos no quieren desalojar su propiedad hasta que el trato se cierre ya que no desean tener que hacer dos pagos en diferentes casas. Todos sus planes dependen del comprador. Cualquier cosa que un comprador pueda hacer para facilitarle las cosas al vendedor será más importante para éste que el efectivo.

Si una casa está desocupada, el vendedor se sentirá muy feliz con un cierre rápido. En mi zona, un cierre rápido es de tres semanas. En otras, se considera que 45 días es rápido. Si usted puede cerrar el trato rápidamente, el vendedor aceptará menos ya que no tendrán que realizar el pago del mes siguiente de su hipoteca por una casa vacía. Si la casa aún está siendo habitada, el vendedor podría no tener ningún lugar a donde ir. El adaptarse a sus planes y facilitarles la mudanza tanto como sea posible, puede ahorrarle miles. Si resulta que usted no puede adaptarse a sus necesidades, será una buena persona por hacer la oferta.

Costos de Cierre

Cuando un vendedor paga sus costos de cierre, el beneficio para usted es que se requiere de menos efectivo para comprar la casa. Técnicamente, usted no está ahorrando dinero realmente; los costos de cierre se transfieren a la hipoteca. Pero sí hace que la compra de una casa sea posible para compradores que califican y que tienen poco efectivo.

Los vendedores nunca tendrán problema en pagar sus costos de cierre porque sólo están preocupados por su ganancia neta, o la cantidad de dinero que entrará a sus bolsillos después del cierre. Veamos un ejemplo. Las siguientes dos ofertas son iguales para el vendedor:

Oferta Uno		Oferta Dos
Precio de Venta: $200,000	$205,000	Precio de Venta:
Costos de Cierre pagados por el vendedor: $0,000	$ 5,000	Costos de Cierre pagados por el vendedor: $
Ganancia neta del vendedor: $200,000	$200,000	Ganancia neta del vendedor:

Los acreedores restringen la cantidad de la contribución del vendedor, por lo general a 3% del precio de venta. Revise con su acreedor los límites o restricciones específicas del financiamiento que usted eligió.

Ofertas Competidoras

Si usted cree que realmente hay un comprador compitiendo por una casa que usted quiere, pídale a su agente que llame al agente del vendedor y le diga que usted está elaborando una oferta, y pídale que vea qué puede averiguar sobre la situación del vendedor. ¿Se va a reubicar? ¿Ya encontró otro lugar para vivir? ¿Qué tan rápido necesita mudarse?

No asuma que necesita pagar más para ganarle a la otra persona. Si usted puede ser flexible con la fecha de cierre, eso es por lo regular más importante para el vendedor que el dinero. Es extremadamente estresante vender una casa. Si usted se puede adaptar a las necesidades del vendedor, esto le ayudará mucho a ganar la guerra de ofertas.

Estrategias de Negociación

Después de que su oferta sea presentada al vendedor, él o ella tienen la opción de aceptar su oferta, rechazar su oferta, o hacer una contra oferta. Recuerde que todo es negociable, no sólo el precio. En mis veinte años dentro de la industria, he notado algunos patrones en la manera en que los vendedores responden a las ofertas que presento a nombre de mis compradores/clientes. Éstos incluyen:

La Cueva

El Vendedor acepta la oferta sin ningún cambio. Acuerdan el precio, la fecha de cierre, la garantía de la casa, la póliza del título de propiedad, los costos de cierre, etc. Esto solamente sucede con los vendedores más desesperados, normalmente aquellos que están en peligro de perder su casa. En tratos como éstos, el vendedor por lo general tiene poco o nada de dinero para hacer reparaciones, así que esté preparado para comprar la casa "tal y como está".

El Vendedor baja $1000 del precio

Esto significa que él cree que su oferta inicial es ridícula pero sí quieren cooperar con usted. Es una invitación para que usted presente una mejor oferta. Este tipo de respuesta molesta a algunos compradores, lo cual no comprendo. La oferta inicial da mucha información sobre las circunstancias del vendedor y su nivel de motivación: significa que no están desesperados y no van a regalar la casa.

Pequeños Pasos

Aquí, el vendedor responde a su oferta bajándose de $3,000-$4,000. Como comprador, usted responde aumentando su oferta por $3,000-$4000, y así sucesivamente. Las dos partes van y vienen hasta que una o la otra afirma que es su oferta final, por lo general después de la tercera ronda.

Dividir la diferencia

Algunos vendedores odian negociar y lo ven como una confrontación. Estas personas sólo quieren dividir la diferencia y terminar con el asunto. Me he dado cuenta que por lo general es bastante fácil hacer que el vendedor reduzca el precio que pide un poco más en esta situación, si no el precio, entonces con otras cuestiones negociables como las reparaciones.

Qué No Hacer

Algunos compradores son sus propios peores enemigos. Aquí hay algunas cosas que los compradores hacen durante las negociaciones que les pueden costar dinero.

Tienen una larga lista de quejas sobre la casa.

A algunos compradores sin experiencia les gusta presentarle al comprador una larga lista de cosas que ellos consideran están mal con la casa para obtener un mejor precio. Esta actitud de "le estoy haciendo un favor al comprar su casa" no hace más que antagonizar al comprador y crea una transacción riesgosa y poco amigable. Si el comprador está haciendo una oferta para comprar la propiedad, claramente le gusta la casa y ve un valor al comprarla. Si el vendedor tiene la oportunidad de venderle la casa a alguien más agradable, lo hará. Y si no lo hace, no va a cuidar la casa ni la dejará en buenas condiciones cuando se vaya.

Juegue bonito o pague el precio.

Ellos usan su corazón, no su cabeza.

El proceso de comprar casa es tedioso, estresante y, a veces, agotador. ¡Hay pocas decisiones más importantes que ésta! Para cuando usted elija una casa, ya va a estar involucrado emocionalmente. Aquí es cuando necesita un muy buen agente para que sea la voz de la razón. Controle sus emociones hasta que las reparaciones hayan sido negociadas y esté seguro de que es una buena casa.

Pagan demasiado porque tienen miedo de perder la casa.

Definitivamente hay veces en las que usted tiene que presentar su mejor oferta, pero la mayoría de las veces hay suficiente espacio para negociar. Analice objetivamente la situación del vendedor, el ambiente general de los bienes raíces en su zona, y los datos brutos que su agente le proporcione para ver en cuánto tiempo se venden las casas parecidas dentro de su zona. Si la casa tiene una característica única que no puede encontrar en ningún otro lado, podría ser necesario que pague más. Si puede encontrar una casa parecida a ésta en una calle en particular, no presente su mejor oferta de inmediato.

Contra Ofertas y Aprobación

Una vez que haya hecho su oferta inicial, el vendedor responderá como se describió anteriormente. Usted sabrá inmediatamente qué estrategia está usando el vendedor y sabrá cómo responder. Yo realmente recomiendo que siga pidiendo descuentos hasta que el vendedor haya dicho "no" dos veces. Si, por ejemplo, ya ha pasado por tres rondas con el vendedor y éste regresa con su mejor y final oferta, no le crea. Haga otra contra oferta y vea que sucede. Si aún sigue diciendo no, adelante, acepte.

Contingencias

Una contingencia en su contrato permitirá que usted se retire del trato sin penalización si algo sale mal. Algunos Corredores dirán que los compradores los usan porque no están seguros de querer comprar una casa. *Estos Corredores trabajan para el vendedor.* Como comprador, usted no querrá gastar dinero inspeccionando y valuando una casa si el vendedor no se encuentra legalmente obligado a venderle la casa una vez que lo haya hecho. Elaborar un contrato con contingencias le da el tiempo que necesita para hacer su debida investigación. Aquí hay algunas contingencias comunes en los contratos:

Contingencia por Financiamiento

Una contingencia en el financiamiento menciona que su oferta depende de que usted pueda asegurar el financiamiento de la propiedad dentro de un cierto periodo de tiempo. Especifica detalladamente el tipo de financiamiento, los términos, y cuánto tiempo tiene para obtener la autorización del préstamo. A menos que vaya a comprar una casa en efectivo, usted siempre deberá incluir una Contingencia en el Financiamiento. Si su financiamiento no se autoriza, por lo menos le regresarán su depósito.

Veinte días son por lo general bastante tiempo para que usted asegure el financiamiento. El trato no se tiene que cerrar en veinte días, pero usted debería tener su préstamo autorizado con "condiciones". La autorización condicionada de un préstamo significa que el banco le prestará el dinero una vez que se cubran ciertas condiciones, como el avaluó, verificación de su empleo, estado de cuenta, etc.

Contingencia por Avalúo

La contingencia en el avalúo se ha convertido en una parte importante en algunos lugares del país en los que los precios de las casas se han caído de manera importante. La contingencia en el avalúo menciona que si la casa no es valuada de acuerdo al precio de compra por lo menos, usted puede retirarse del trato. También la puede redactor para que diga si la casa no es valuada de acuerdo al precio de compra, el vendedor tiene que bajar el precio; si se rehúsa a hacerlo, usted puede salirse del trato sin penalización. A decir verdad, si la casa no es valuada, el banco no le prestará el dinero que necesita para comprarla. Usted tendrá que ya sea pagar en efectivo la diferencia (¡no haga esto!), el vendedor tendrá que bajar el precio, o usted tendrá que alejarse del trato.

Contingencia por Inspección o Periodo de Opción

Algunos estados lo llaman "Periodo de Opción", y otros lo llaman "Contingencia por Debida Diligencia." Esta contingencia le da al comprador cierto periodo de tiempo (yo recomiendo de 7-10 días) para inspeccionar la casa, junto con cualquier otra cosa que necesite hacer para estar seguro de que desea comprar la propiedad. El comprador puede salirse del trato por cualquier razón sin penalización, y él o ella pueden utilizar este periodo de tiempo para renegociar reparaciones con el vendedor después de la inspección. Algunos estados requieren que el comprador pague una "cuota opción" al vendedor. Las cuotas opción se mencionan más adelante en este capítulo.

Contingencia por la Venta de Otra Propiedad

Esta contingencia es para compradores que tienen que vender su casa actual antes de que puedan comprar una nueva. Básicamente, le da al comprador el derecho de salirse del trato si él o ella no pueden vender su casa actual. Los contratos también pueden ser redactados con una cláusula de "expulsión", lo que permite al vendedor "expulsar" el contrato original si encuentra a un nuevo comprador que pueda cerrar el trato de inmediato.

Cuota Opción & Depósito en Garantía

Una cuota opción es dinero que un comprador paga a un vendedor por la opción de rescindir el contrato de venta. Una opción le da tiempo al comprador para inspeccionar la casa y negociar las reparaciones, mientras que al mismo tiempo restringe al vendedor de vender la casa a alguien más. Los compradores pueden rescindir el contrato durante el periodo opción por cualquier razón. Yo redacto mis contratos de manera que el comprador pierda su cuota opción si rescinde el contrato, pero le regresen su dinero si cierran la transacción. La cantidad de la cuota opción es por lo general de entre $50 y $250 en mi zona. Tenga en cuenta que no todos los estados usan opciones al comprar y vender una propiedad, aunque todo es negociable.

El dinero de la cuota opción no debe confundirse con el depósito en garantía. El depósito en garantía es un depósito de seguridad que demuestra el compromiso del comprador para comprar la propiedad y es una muestra de buena fe. La cantidad del depósito en garantía es negociable. Por lo general, usted querrá mantener la cantidad del depósito en garantía al mínimo, pero lo suficientemente alta para que el comprador tome su oferta en serio. El depósito en garantía se coloca en una cuenta de fideicomiso, y en algunos estados, la retiene la compañía de títulos de propiedad. En otros estados el corredor del vendedor podrá retenerlo. El depósito en garantía se aplica al enganche y a los costos de cierre del comprador. Si no se puede cerrar el trato por causas ajenas al comprador, el vendedor por lo general firma un acuerdo para liberar el dinero y regresárselo al comprador, y vice versa, si el vendedor no puede cerrar el trato. Sin embargo, sí surgen disputas, y ahí es cuando usted realmente necesita poder apoyarse en su agente para que le regresen su dinero.

Mercados de Vendedores

El mercado de vendedores es aquel en el cual hay más compradores que vendedores; los compradores deben competir por el poco número de casas que se encuentran a la venta. Las ofertas competidoras aumentan los precios y los compradores muchas veces tienen que gastar más para conseguir lo que desean.

Comprar una casa dentro de un mercado de vendedores puede ser una experiencia frustrante. Cuando algunos vendedores reciben de 5-15 ofertas después de tan sólo algunos días de haber listado su casa, es importante elaborar un contrato que sea atractivo para el vendedor, mientras que al mismo tiempo tenga sentido para usted. Es común que un vendedor se ponga tan ansioso por ganar una oferta que lanzan el sentido común por la ventana.

¡No se involucre tanto en el juego como para tomar malas decisiones que puedan costarle decenas de miles de dólares!

Contrario a lo que le han dicho, no siempre es buen momento para comprar una casa. Es mejor quedarse en un departamento por algunos meses más que pagar demasiado por una casa o asumir un gran riesgo financiero.

El contrato perfecto - desde la perspectiva de un vendedor- sería en efectivo. El comprador no tendría que pagar la póliza de título de propiedad ni hacer reparaciones, y el comprador tendría que renunciar a todas las contingencias. La perspectiva del comprador es exactamente lo opuesto, por supuesto. Al comprar una casa en un mercado de vendedores, considere lo siguiente:

Precio

Seamos honestos – el precio le gana a todo. Justo como un comprador quiere pagar tan poco como sea posible por una casa, el vendedor quiere tanta ganancia neta como sea posible. A veces necesita hacer que su primera oferta sea la mejor oferta porque tal vez no tendrá una segunda oportunidad.

Su acreedor no le va a dar un cheque en blanco para comprar cualquier cosa que desee. La casa necesita ser valuada por lo menos de acuerdo al precio de venta o usted tendrá que averiguar cómo cubrir la diferencia.

No pague demasiado por una casa a menos que esté dispuesto y pueda pagar la diferencia entre la cantidad del avalúo y el precio de venta en efectivo. Si un valuador dice que una casa vale $100,000, ¿estaría dispuesto a pagar $115,000 si ese fuera el precio que hubiera negociado con el vendedor? Si la respuesta es sí, pregúntese cuánto tiempo planea vivir en esa casa. Va a tomar tiempo recuperar los $15,000 que pagó de más por la casa.

Renunciar a las Contingencias

La mayoría de los contratos de venta incluyen cláusulas que permiten al comprador rescindir el contrato bajo ciertas circunstancias y recuperar su enganche.

En algunas zonas, los Vendedores no quieren estar de acuerdo con estas cláusulas porque no quieren arriesgar detener su propiedad por varias semanas o más, sólo para que el comprador se retire antes de cerrar. Si está renunciando a una contingencia por financiamiento, asegúrese de calificar para una hipoteca con una tasa de interés y términos que sean aceptables para usted. Si renuncia a una contingencia por avalúo, revise el CMA que le dio su agente para que se sienta cómodo con el precio que va a pagar. Tenga dinero extra en el banco si no puede ser valuada, o prepárese para retirarse del trato si el vendedor no baja el precio. Si renuncia a su derecho para negociar reparaciones, contrate a un buen inspector y entienda cuáles son las condiciones de la propiedad y el nivel de riesgo que estará asumiendo al hacer eso. Las contingencias se analizan con mayor detalle más adelante en este capítulo.

Enganche/Condiciones del Préstamo

Si un comprador que paga en efectivo es el comprador perfecto, lo que le sigue sería un comprador que de un gran enganche (20% o más). ¿Por qué? Sencillamente, un comprador que da un mayor enganche tiene mayor oportunidad de cerrar el trato. Los compradores que están cortos de dinero podrían no tenerlo para hacer las reparaciones requeridas por el acreedor y probablemente no tengan dinero para cerrar el trato si la casa no puede ser valuada. Los préstamos con un enganche bajo debilitan la posición de un comprador dentro de un mercado de vendedores.

Costos de Cierre que Paga el Vendedor

A los vendedores realmente sólo les interesa cuánto dinero pueden poner en sus bolsillos después de que se cierra una transacción. En vez de ofrecer un precio de venta alto que pudiera causar un problema con el avalúo, usted puede ofrecer pagar algunas de las cuotas que los vendedores normalmente tienen que pagar durante el cierre. La póliza de título de propiedad, la garantía de la casa, la comisión de bienes raíces, cuotas legales, y cuotas de transferencia son algunos ejemplos de los costos de cierre que paga un vendedor.

{ 5 }

Inspecciones & Condiciones de la Propiedad

Usted definitivamente necesita contratar a un inspector profesional que revise cada pulgada cuadrada de la casa y le informe los resultados. Su inspector debe tener experiencia y ser recomendado por un amigo, compañero de trabajo, o por su Corredor.

Tenga cuidado, sin embargo, por posibles conflictos de intereses si usted se apoya en la recomendación de su Corredor. Con suerte, su Corredor le dará una lista de inspectores de la cual escoger, y usted puede hacer su propia elección.

Personalmente, yo recomiendo inspectores en base a la calidad de sus reportes, pero no tengo relaciones personales con ellos, ni he siquiera conocido a la mayoría de ellos. Yo no voy a las inspecciones para poderle dar a mis clientes la oportunidad de hablar de las condiciones de la casa con una persona neutral a la transacción. ¡Al inspector se le paga ya sea que el trato se cierre o no! Si tengo una pregunta sobre algún aspecto del reporte, le mando un correo electrónico al inspector y siempre incluyo a mi cliente en esta comunicación. Los inspectores trabajan para mis clientes, no para mí, y aprecio sus consejos y su experiencia.

Una buena inspección deberá tomar alrededor de tres a cuatro horas, dependiendo en el tamaño de la casa, y al final usted tendrá una lista de las cosas que necesitan ser reparadas o cambiadas, y habrá aprendido cómo darle mantenimiento a la propiedad. Su inspector deberá revisar cada cosa con usted. Asegúrese de entender el reporte para que pueda hacer buenas elecciones al solicitarle reparaciones al vendedor.

Qué Reparaciones Pedir

Incluso cuando compra una construcción nueva, no obtiene la casa perfecta. No espere que el vendedor esté de acuerdo con todas las reparaciones. Una vez que presente su solicitud de reparaciones, las negociaciones vuelven a empezar. Al momento de negociar reparaciones, considere lo siguiente:

Techo

Averigüe las condiciones del techo y trate de estimar la vida que le queda. Si ya hay daño por granizo, por ejemplo, asegúrese que el vendedor presente una reclamación con su compañía de seguros, y no cierre el trato hasta que el techo sea ya sea cambiado o el dinero sea retenido en garantía (la compañía de títulos de propiedad retienen el dinero y le pagan al techador una vez que se han hecho las reparaciones). Esto no es negociable ya que usted podría tener problemas para obtener un seguro para propietarios de casas si ya existen daños.

> *¡No incurra en gastos adicionales hasta que esto se resuelva! Si necesita renunciar a la casa, querrá perder tan poco dinero como sea posible.*

Rociadores

Con la excepción de los cabezales rotos de los rociadores, no me gusta que mis clientes asuman el riesgo de un sistema de rociadores roto. Las reparaciones pueden ser caras y las fugas difíciles de ubicar. Haga que el vendedor realice cualquier reparación antes de cerrar el trato.

Electrodomésticos

Normalmente, sólo los electrodomésticos que están empotrados se incluyen en la venta de una casa, por lo menos ese es el caso en Texas. Hornos, cocinetas, microondas empotrados, y lavavajillas son artículos de bajo costo de reparar/cambiar. Si estos artículos funcionan cuando cierre el trato de la casa, los cubrirá cualquier garantía de casa que usted tenga.

Cimientos

Con muy pocas excepciones, yo recomiendo a mis clientes alejarse de las casas que tengan reparaciones previas o actuales en los cimientos.

Una de las cosas más arriesgadas que puede hace es compra una casa que necesite, o haya tenido, una reparación en los cimientos.

No sólo puede dañarse la casa durante la reparación (en especial la plomería), pero además usted no puede tener la certeza de que la reparación aguantará. Más aún, cuando llegue el momento de venderla, usted deberá -por ley- informar de la reparación a posibles compradores de la casa. Muchos compradores posibles no querrán asumir ese riesgo, y usted no tendrá otra opción que vender la propiedad por debajo de su valor en el mercado. Mientras que es cierto que algunas compañías de reparación de cimientos ofrecen garantías de por vida con respecto a su trabajo, usted no puede confiar en que la compañía de reparación de cimientos respetará su reclamación o seguirá dentro del negocio durante el tiempo que usted sea dueño de la casa. *Deje los problemas de cimientos a los inversionistas y a los compradores que tengan mal karma.*

Aires Acondicionados y Calefacción

Tanto las unidades de aire acondicionado como de calefacción pueden ser extremadamente costosas de reparar o reemplazar, y usted deberá insistirle al vendedor que haga las reparaciones necesarias antes de cerrar el trato. Es especialmente importante limpiar las bobinas de los aires acondicionados en caso de que se encuentren sucias. Las bobinas se pueden ensuciar cuando el propietario no cambia los filtros de manera regular. Ya que esto se considera un artículo al que hay que darle mantenimiento, el limpiar las bobinas normalmente no se incluye dentro de la garantía de la casa y es un gasto en el que usted tendrá que incurrir.

Ventanas

Uno de los problemas más comunes que veo tiene que ver con las ventanas de doble panel. Cuando el aire entra entre los dos paneles de cristal en una ventana de doble panel, esto puede resultar en condensación y empañamiento. La única solución es cambiar el cristal. Normalmente aconsejo a mis clientes que soliciten la reparación de las ventanas empañadas cuando se encuentren en lugares que sean muy visible. Si la mayoría de las ventanas están dañadas, recomiendo reemplazar todas las ventanas o el efectivo en lugar de cambiarlas, ya que el costo por cambiar todas las ventanas será de varios miles de dólares.

Artículos Estéticos

La pintura, los grifos, el piso, y los selladores/ajustes son lo que yo considero artículos estéticos. Siempre recomiendo que mis clientes se encarguen de estos artículos ellos mismos después de la venta. El vendedor normalmente tratará de ahorrar dinero al hacer las reparaciones él mismo y los resultados no siempre son buenos. Si la casa necesita cambios estéticos importantes, usted necesitará pagar menos por la casa u obtener un descuento por decoración. .

Plomería

Con la excepción de pequeñas fugas o artículos menores, el vendedor necesita hacer todas las reparaciones de plomería y asumir el riesgo. Esto incluye reparaciones al calentador de agua, especialmente si éste se encuentra en el ático.

Descuentos por Reparaciones

Bajo ciertas circunstancias, usted podría pedir el efectivo en lugar de las reparaciones o pedir efectivo además de ciertas reparaciones. Como se mencionó anteriormente, hay ciertas reparaciones que es mejor que el comprador resuelva después del cierre. Muchas veces los vendedores prefieren no tener que lidiar con los inconvenientes de tener que reparar la propiedad; psicológicamente hablando, ellos ya se han mudado a la otra casa. Converse con su agente sobre cuánto podría costar reparar ciertos artículos y luego vea qué está dispuesto a hacer el vendedor.

Cuándo Retirarse

Si ha hecho una investigación previa, y si está trabajando con un agente capacitado, la inspección no deberá revelar grandes sorpresas. Sin embargo, si no surge algo importante durante la inspección, usted tendrá que tomar algunas decisiones. Es razonable esperar comprar una casa con un techo sólido y con electricidad, plomería y sistemas de enfriamiento/calefacción que se encuentren funcionando bien. Si cualquiera de estos artículos necesitará ser reemplazado, usted debería comprar la casa por debajo de su valor de mercado, (en otras palabras, al rango más bajo de su CMA) o solicitar que el vendedor haga las reparaciones o de un descuento por éstas. Estos problemas se pueden arreglar. La pregunta es, ¿quién los paga? Si el problema es algo importante, es hora de eliminar sus pérdidas y seguir adelante; realmente no querrá comprar los problemas de alguien más.

Entonces, ¿qué se considera "importante?" Usted deberá alejarse de cualquier cosa que evitaría que un futuro comprador quisiera comprar la casa. Si un futuro comprador no la querría, entonces usted tampoco debería quererla. Cosas como problemas en los cimientos, moho tóxico, varias fumigaciones contra termitas, muertes violentas dentro de la propiedad, un sótano que se inunda con frecuencia, asbesto, y radón son todas buenas razones para no comprar la propiedad.

Los aires acondicionados y los techos se pueden cambiar. El desagradable olor de un homicidio doble dentro de la casa se queda para siempre.

{ 6 }

Todo Sobre Hipotecas

Yo empecé a hablar sobre los préstamos abusivos y las malas prácticas hipotecarias hace más de 20 años. Recibí muchos correos insultantes e incluso amenazas anónimas de "profesionales" de hipotecas (mejor conocidos como jefes de la mafia) que no querían que se revelaran sus secretos.

Hoy en día, a los acreedores se les obliga a ser más transparentes en cuanto a sus precios y sus programas de préstamos. Mientras que todavía es posible timar a un prestatario poco experimentado y poco instruido, la ley de hipoteca hace más difícil que timen a alguien que sabe cómo funciona el sistema.

Paso mucho tiempo instruyendo a mis compradores antes de que empecemos a hablar seriamente sobre comprar. Las siguientes páginas tienen la intención de "explicarle todo brevemente". La instrucción es esencial si vamos a eliminar las prácticas de préstamos abusivos. Empecemos.

Algunas Definiciones

Los corredores de hipotecas contratan a ejecutivos de préstamos para vender préstamos a los consumidores. Tienen cuentas con acreedores mayoristas, quienes son la fuente real de los financiamientos. Cada día, los acreedores mayoristas dan a los corredores de hipotecas, y a sus ejecutivos de préstamos, hojas con tarifas de mayoreo. El corredor de hipotecas decide cuánta ganancia él o ella quiere obtener por cada préstamo y crean una hoja de tarifas de menudeo. La diferencia entre las tarifas de mayoreo, las tarifas de menudeo, y las cuotas de cierre conforman el margen de ganancia del acreedor.

Corredores de Hipotecas vs. Bancos

Al buscar un préstamo, usted puede usar un corredor de hipotecas o tratar directamente con el banco. Lo sigue a continuación es una simplificación de las diferencias entre los dos.

Corredores de Hipotecas

Un corredor de hipotecas está extremadamente bien informado sobre el área de las hipotecas. Conocen el mercado y dan seguimiento a qué acreedor podría estar ofreciendo un descuento o tiene un producto único. Cuando usted trabaja con un corredor, éstos comparan las tarifas de mayoreo de las hipotecas por usted, de todos los tipos de bancos e instituciones de préstamos; pueden muchas veces conseguirle un mejor precio que si usted fuera directamente al banco. Es común que un corredor le venda un préstamo de Wells Fargo, por ejemplo, ¡a un precio más bajo del que usted conseguiría si fuera directamente a Wells Fargo! Porque hay menos burocracia con un corredor de hipotecas, el proceso es por lo general más ágil y eficiente (suponiendo que exista un mismo nivel de competencia). Los corredores de hipotecas están *obligados* a informarle a usted de su comisión (llamada Prima Sobre la Ganancia), de manera que usted siempre sabrá la ganancia que obtendrán por su préstamo.

Un buen corredor de hipotecas vale su peso en oro. Uno malo, bueno...

Bancos

El Banco de América, el Wells Fargo, y el Chase son ejemplos de grandes bancos que pueden prestarle dinero para comprar una casa. Estos bancos tienen el capital para de manera permanente mantener su hipoteca en su portafolio. Usted consigue una hipoteca a través de Chase y realiza sus pagos a Chace hasta que liquide su préstamo.

Los bancos regionales más pequeños no tienen fondos a largo plazo disponibles para mantener sus préstamos durante mucho tiempo. Emiten hipotecas que cumplen con los estándares de la industria y los venden a los inversionistas casi inmediatamente, bloqueando sus ganancias.

Los bancos son diferentes a los corredores en cuanto a que ellos no tienen que informar sobre sus ganancias (Prima Sobre la Ganancia) al prestatario. Muchos corredores tienen como meta cumplir con los requisitos necesarios para autoproclamarse bancos de manera que puedan evitar este requisito de información. La PSG es un tema controversial dentro de la industria.

Los bancos grandes son conocidos por ser poco eficientes y caros. En mi zona, muchos agentes inmobiliarios recomiendan a sus vendedores/clientes a *no* aceptar el contrato de un vendedor cuando su acreedor sea de alguna de estas instituciones, estoy de acuerdo con su razonamiento. Mientras que un banco pequeño o un corredor pueden cerrar una transacción en 3 o 4 semanas, los bancos grandes por lo general tardan 6 semanas o más, y por lo regular fallan en la fecha de cierre. Sus ejecutivos de préstamos tienden a estar poco capacitados para tomar órdenes y no están realmente calificados para proporcionar asesoría financiera a los compradores. Los expedientes de préstamos se mueven - lentamente y de manera poco precisa – de departamento a departamento. Lidiar con bancos grandes agrega una innecesaria dosis de estrés a la transacción.

Los ejecutivos de préstamos que trabajan con corredores o bancos pequeños están mucho más informados y tienen una mayor orientación al servicio; yo cuento con alguien a quién llamar si hay un problema que necesite ser resuelto. No ocurre lo mismo con un banco grande.

Hágase un favor. Quédese con un banco pequeño regional o con un corredor. Se alegrará de hacerlo.

Cómo Ganan Dinero los Acreedores

Los corredores de hipotecas ganan dinero de diferentes maneras. Pueden manipular estas vías de posibles ganancias todo el día y salir con la ganancia deseada. Las siguientes secciones describen las diferentes maneras en que los corredores de hipotecas ganan dinero.

Costos de Cierre

Esto incluye cuotas por solicitudes, reportes de crédito, avalúos, procesamiento, suscripción, preparación de documentos, etc. A estas cuotas a veces se les conoce como "cuotas basura."

Cuotas por Apertura

Las cuotas por apertura son por lo general el uno por ciento de la cantidad del préstamo. Esta es simplemente una cuota que el corredor cobra por la elaboración del préstamo.

Puntos de Descuento

Los puntos son intereses pre-pagados. Por lo general únicamente se cobran cuando el comprador quiere una tasa de intereses que se encuentra por debajo de las tarifas del mercado. Los puntos de descuento se expresan como un porcentaje de la cantidad del préstamo. Un punto es igual al uno por ciento de la cantidad del préstamo, tres puntos son iguales al tres por ciento de la cantidad del préstamo, y así sucesivamente. Ejemplo: si le cotizan una tasa de intereses del 7.25 por ciento con cero puntos, pero usted está decidido a obtener una tasa de intereses del siete por ciento, usted podría pagar un punto y comprar la tasa de intereses de acuerdo a esta cantidad.

Prima Sobre la Ganancia (PSG)

Las PSGs son descuentos que los acreedores mayoristas pagan a los corredores de hipotecas por elaborar préstamos que están por encima de lo normal o de las tasas de intereses del mercado. Si la tasa normal es del ocho por ciento, pero su corredor de hipotecas puede conseguir que usted pague el 8.5 por ciento, el acreedor mayorista le pagará a su corredor una comisión extra llamada Prima Sobre la Ganancia. Las PSGs pueden ayudar a los consumidores que están cortos de efectivo. Pueden pagar una tasa de intereses más alta y hacer que su corredor de hipotecas pague algunos de sus costos de cierre. No hay nada propiamente malo con una PSB, a menos que se utilice para fines indebidos.

Cómo lo Pueden Timar

Costos de Cierre

Algunos costos de cierre son cuotas legítimas por servicios realizados por terceros. Su reporte de crédito y avalúo son ejemplos de cuotas legítimas -

algunas de estas cuotas se cobran desde el principio. Algunas cuotas legítimas, (como cuotas de tramitación) se cobran en el momento del cierre. ¿Todas las demás cuotas son cuotas basura? Es imposible decirlo. Existe un número ilimitado de maneras en que los acreedores pueden manipular los costos de cierre. Pueden ignorar la mayoría de sus costos de cierre y cobrarle una tasa de intereses más alta. Aun así usted los pagará, por supuesto; simplemente no los pagará al inicio. Le pueden cobrar servicios que nunca se realizaron. Le pueden cobrar $400 por un avalúo que cuesta $250.

Cuota por Apertura

Existen cuotas legítimas relacionadas con la apertura del préstamo, y su acreedor tiene derecho de obtener una buena ganancia. Cobrar el uno por ciento por apertura está bien, pero cobrar el uno por ciento por cuota de apertura en conjunto con costos de cierre inflados o fabricados y tasas de intereses altas podría considerarse excesivo.

Puntos de Descuento

Los puntos de descuento son puntos que se pagan para un propósito establecido. Reducir la tasa de intereses del consumidor es un buen propósito, pero un acreedor deshonesto puede cotizarle una tasa en específico al momento de la solicitud del préstamo y crear algo muy diferente en la mesa de cierre. Por ejemplo, le podrían decir que debido a un problema con un crédito anterior, usted no califica para la mejor tasa. Usted estaría "obligado" a ya sea comprar la tasa de interés más baja al pagar puntos de descuento adicionales, o estar de acuerdo con una tasa más alta, en cuyo caso el corredor recibiría un descuento en forma de Prima Sobre la Ganancia, lo cual se explica a continuación.

Primas Sobre las Ganancias

Si su ejecutivo de préstamos puede lograr que usted pague una tasa de intereses más alta que la del mercado, éste obtiene un "descuento" llamado Prima Sobre la Ganancia. Y así es como ocurre. Usted está de acuerdo con un préstamo a 30 años a un 6.5 por ciento. Dado que las tasas de intereses cambian todos los días, su ejecutivo de préstamos no congelará su tasa de intereses de inmediato. Dejan su préstamo "flotando" hasta que haya un descenso en las tasas, y entonces congelan su préstamo- digamos que a un 6.25 por ciento.

Ya que su ejecutivo de préstamos lo ha comprometido a pagar el 6.5 por ciento, él o ella obtendrán una comisión extra por venderle a usted el préstamo con una tasa de intereses más alta que la del mercado. ¡Estas comisiones son por lo general de varios miles! Un ejecutivo de préstamos ético y directo le hubiera descontado la PSG o le hubiera dado una tasa de intereses del 6.25 por ciento.

Dado que el acreedor (únicamente corredores) no está obligado a informar de esta ganancia extra hasta el cierre, usted no se entera hasta que es demasiado tarde como para hacer algo al respecto. Las PSGs brindan una opción útil a algunos prestatarios. Para aquellos con poco efectivo, las PSGs hacen que las hipotecas sin costo alguno sean posibles porque el acreedor paga los costos de cierre. Para aquellos que esperan estar en su casa sólo durante algunos años, las PSGs dan lugar a un intercambio favorable de una tasa alta por cuotas más bajas. Sin embargo, en manos de acreedores sin escrúpulos, pueden costarle al prestatario miles y miles de dólares.

¿Cómo Puede Pasar Esto?

Los corredores de hipotecas son regulados por la RESPA y otras agencias estatales, y la buena noticia es que se han hecho cambios altamente positivos en los últimos años. Los acreedores ya no pueden cobrar más del 3% en cuotas, y la información que le dan al prestatario es más importante y más fácil de entender. La mayoría de los costos de cierre ya no pueden incrementarse por más del 10%; el acreedor está obligado a descontarle cualquier exceso al comprador durante el cierre. No pueden "engancharlo" ofreciéndole una tasa de intereses al inicio y aumentarla durante el cierre (ahora pueden hacerlo 3 días antes de cerrar el trato, como se mencionará más adelante). Pero aun así puede ser difícil hacer que se cumplan las reglas, así que los fraudes siguen existiendo. Los compradores de casas que se encuentran ansiosos y emotivos son muy fáciles de manipular. Lo mejor que usted puede hacer como posible comprador es instruirse y contratar a un muy buen agente para ayudarlo.

El Dilema del Acreedor

Las tasas de intereses se basan en los riesgos; mientras mejores sean sus referencias, más baja será su tasa de intereses. Ya que es un sistema basado en riesgos, usted no conocerá su tasa de intereses final hasta después de haber llenado una solicitud oficial de préstamo y hasta que congelen la tasa. Es una situación de "el huevo o la gallina". Los acreedores no quieren comprometerse a dar un precio hasta que usted haya hecho una solicitud oficial de préstamo, y los compradores no quieren comprometerse con un préstamo sin conocer los costos.

> *Hasta Agosto del 2015, los costos de cierre seguirán siendo dados a conocer a los prestatarios a través de un documento llamado Estimado de Buena Fe (GFE). Después de Agosto del 2015, éstos se darán a conocer a través de un nuevo formato llamado Estimado de Préstamo (LE). Los cambios para Agosto del 2015 se mencionan por separado en las páginas posteriores.*

Hubo un tiempo en que un acreedor le daba a un posible prestatario un GFE bajo el entendido que sólo era un estimado. Pero a partir del 2010, el acreedor está sujeto a la mayoría de las cuotas que cotizan. Ya que están ligados a estas cuotas, muchos acreedores ahora proporcionan una "Hoja de Cálculo de Cuotas Iniciales" o una "Situación Financiera" en vez de un GFE cuando usted está buscando una hipoteca.

Al darle este documento, el acreedor le estará dando un precio sin realmente adquirir ningún compromiso.

¿Entonces qué quiere decir todo esto? Significa que las iniciativas recientes del Departamento de Vivienda y Desarrollo Urbano (HUD) para facilitar la búsqueda de un préstamo a los compradores han fracasado, y los prestatarios seguirán teniendo que tomar pasos extra para evitar ser timados.

Un acreedor no es necesariamente un estafador simplemente por darle una Hoja de Cálculo de Cuotas Iniciales en vez de un GFE; ésta es la política de algunos de los acreedores más honestos y competentes que conozco. Es una cuestión de practicidad y reducción de riesgos.

Sin embargo, es una manipulación del sistema, y el sistema no le facilita a los prestatarios el poder diferenciar entre los buenos y los malos. Siga los procedimientos que se mencionan posteriormente para asegurarse de no ser timado.

Hipotecas Acreditadas & Capacidad de Pago

Se incita a los acreedores a asegurarse que los prestatarios tienen la capacidad para pagar sus hipotecas. A cambio, los acreedores son protegidos contra las demandas de los prestatarios, siempre que emitan hipotecas "seguras" que sigan los lineamientos. Ciertos préstamos no están permitidos, incluyendo los siguientes:

- Préstamos con Amortización al Vencimiento
- Amortización Negativa
- Pago Mayor al Vencimiento

- Préstamos que son por más de 30 años
- Puntos & cuotas iniciales excesivas
- Un índice de deuda-ingreso de más del 43%

Como lo menciona el sitio de internet de CFPB Web: "La regla de la capacidad de pago tiene la intención de evitar que los consumidores se encuentren atrapados con una hipoteca que no puedan pagar, y evitar que los acreedores creen préstamos que los consumidores no tienen la capacidad de pagar. Es así de sencillo." No se diga más.

Cómo Encontrar un Acreedor

La probabilidad es que usted escuchará que el mejor lugar para encontrar a un acreedor es a través de un amigo o un familiar. No estoy de acuerdo. Sus amigos y familiares probablemente no tendrían idea si los timaran, y a menos que trabajen en la industria no son rivales para un acreedor abusivo. Algunos dirán que su agente *no* es un buen recurso; nuevamente, no estoy de acuerdo. Su agente sabe qué acreedores pueden cerrar el trato a tiempo, qué acreedores entregan lo que prometen, y qué acreedores tratan a sus clientes de manera justa. Los acreedores que los agentes recomiendan van un paso más allá para tratar bien a sus clientes de manera que esos agentes les sigan mandando clientes. Pídale a su agente una lista de sus acreedores favoritos y luego llámelos, pero recuerde que usted no está obligado a usar un proveedor que su Corredor recomiende.

Buscando un Préstamo

Después de que usted haya encontrado una casa, póngase en contacto con varios acreedores y pídales una cotización. El ejecutivo de préstamos lo referirá ya sea a su sitio de internet para solicitud de préstamos o le tomará su información por teléfono, y después le enviará un GFE, un Estimado de

Préstamo, o una Hoja de Cálculo de Cuotas Iniciales. Compare la documentación, con la ayuda de su agente si es necesario, y siga buscando los más económicos *que puedan cerrar el trato a tiempo.*

Recuerde, si no le dan el precio en un GFE/LE, éste podría cambiar. Mencionaremos esto más adelante.

ESTE PASO ES IMPORTANTE

Envíe a sus primeras opciones la siguiente información. Hágalo por escrito (por correo electrónico está bien) con acuse de recibo:

*   Su nombre(s) completo
*   Su ingreso(s) mensual
*   Su número(s) de Seguridad Social
*   La dirección de la propiedad
*   La cantidad del préstamo
*   El valor de la propiedad o precio de venta

Proporcionarles *toda* esta información da inicio a la solicitud de que un GFE/LE le sea entregado en tres días.

El acreedor está obligado por RESPA (la ley de hipotecas) a darle un GFE/LE y todas las garantías de precios que éste incluye.

Los cambios con respecto a ingresos, precio de venta, programa de préstamo o congelar su tasa de intereses puede iniciar un nuevo GFE/LE, convirtiendo al original en obsoleto. El GFE final es el que debe coincidir con el informe de operación de cierre.

Después de comparar varios GFEs, elija el mejor préstamo para usted y notifique al especialista en préstamos que le gustaría proceder con su préstamo. Mantenga su GFE/LE para que pueda compararlo con los costos finales de cierre mencionados en su Informe de Operación de Cierre HUD-1 o Declaración de Cierre, aunque estos documentos incluyen una comparación de lo que se cotizó y de lo que fue entregado. Algunos cargos no pueden ser incrementados, y su acreedor deberá reembolsárselos si esos cargos fueran ilegal o erróneamente aumentados. Otros pueden aumentar por un margen del diez por ciento, y el acreedor tiene que reembolsarle cualquier exceso.

El ejecutivo de préstamos tal vez quiera que usted le proporcionara un número de tarjeta de crédito o cheque para que él pueda ordenar el avalúo. NO le dé un centavo hasta que usted esté 100% seguro de que planea usarlo. USTED NO ESTÁ OBLIGADO A USAR UN ACREEDOR SIMPLEMENTE PORQUE LE ENVÍEN UN ESTIMADO DE BUENA FE.

Consiguiendo el Mejor Trato

Se supone que la Tasa de Porcentaje Anual (TPA) debe hacer más fácil la comparación y la selección de las mejores tasas de hipotecas, y los acreedores de hipotecas están obligados por ley a divulgarla. Se calcula tomando la cantidad del préstamo, añadiendo el costo del financiamiento (intereses y costos de cierre), y convirtiéndolo en porcentaje. A los acreedores en internet les encanta publicar lo bajos que son sus TPAs, y cuentan con que el prestatario no va a entender que buscar un préstamo seleccionando el TPA más bajo es un plan equivocado.

El problema con buscar un préstamo de esta forma es que ciertas cuotas podrían o no estar incluidas en el cálculo del TPA, dependiendo del acreedor, y es difícil hacer una comparación con manzanas. El TPA le puede ayudar a comparar préstamos con diferentes tasas y cuotas para poder seleccionar el mejor, pero no es una herramienta perfecta.

Un mejor método para usted es calcular su propio TPA. Utilice una calculadora TPA en internet para hacer el cálculo.

Calcular su propio TPA en base a los GFEs/LEs que le dieron algunos acreedores le permitirá controlar los datos utilizados en el cálculo.

Aquí hay otra manera inteligente para buscar un préstamo. Siga los pasos mencionados anteriormente para determinar la tasa de intereses para la cual usted probablemente calificaría. En aras de este tema, suponga que le cotizaron una tasa de intereses del 4% para una hipoteca fija a 30 años con cero puntos y $2,000 por costos de cierre. Contacte a otros acreedores y pida información de los costos relacionados con una hipoteca fija del 4% a 30 años y con cero puntos. Luego compare los costos de cierre.

Buscando Tasas de Intereses & Su Puntaje Crediticio

Buscar una hipoteca provocará que varios acreedores soliciten su reporte de crédito, aun cuando usted esté buscando un sólo préstamo. El sistema de puntaje crediticio ignora las investigaciones de préstamos hipotecarios que se realizan durante los 30 días anteriores a obtener su puntaje. Por lo tanto, si usted encuentra un préstamo dentro de esos 30 días, la búsqueda de tasas de intereses no afectará su puntaje.

Puntos vs. Tasas de Intereses

Al elegir una hipoteca, usted por lo general tiene la opción de pagar puntos (intereses pre-pagados) a cambio de una tasa de intereses baja. Si tiene planeado quedarse con la casa por más de cinco a siete años, por lo general le beneficiará pagar esos puntos. A la larga, la tasa de intereses más baja le ahorrará más dinero. Pídale a su ejecutivo de préstamos que realice un análisis para ayudarlo a decidir.

Estimado de Buena Fe (*antes de* Agosto 2015)

Veamos un Estimado de Buena Fe (GFE). La siguiente información fue redactada por el Departamento de Vivienda y Desarrollo Urbano de los Estados Unidos y brinda la descripción más clara de GFE que he leído.

El GFE es un formato de tres páginas diseñado para alentarlo a buscar un préstamo hipotecario y servicios de compensación y liquidación para que usted pueda determinar qué hipoteca es mejor para usted. Muestra las condiciones del préstamo y los cargos de compensación y liquidación que usted pagará si decidiera continuar con el proceso de préstamo y se lo autorizaran. Explica que cargos deben permanecer igual. Contiene una tabla de búsqueda que le permite comparar fácilmente varios préstamos hipotecarios y costos de compensación y liquidación, haciendo más fácil que usted busque el mejor préstamo. Un corredor de hipotecas o el acreedor pueden darle el GFE. Hasta que usted le informe a un especialista de préstamos que desea proceder con un préstamo, éste podría cobrarle únicamente por el costo del reporte de crédito.

Durante el proceso de solicitud, el especialista en préstamos necesitará su nombre, su número de Seguridad Social, su ingreso mensual bruto, la dirección de la propiedad, el valor estimado de la propiedad, y la cantidad del préstamo hipotecario que usted desea para poder generar el GFE. Su número de Seguridad Social es utilizado para obtener un reporte de crédito que muestre su historial crediticio, incluyendo deudas pasadas y actuales y los tiempos de pago.

Su GFE Paso a Paso

Página 1 del GFE

Ahora revisemos el GFE paso por paso. La parte superior de la página 1 del GFE muestra la dirección de la propiedad, su nombre e información de contacto, y la información de contacto de su especialista en préstamos.

1. The interest rate for this GFE is available through [January 2, 2010 @ 4pm]. After this time, the interest rate, some of your loan Origination Charges, and the monthly payment shown below can change until you lock your interest rate.

2. This estimate for all other settlement charges is available through [January 22, 2010].

3. After you lock your interest rate, you must go to settlement within [30] days (your rate lock period) to receive the locked interest rate.

4. You must lock the interest rate at least [15] days before settlement.

La sección de *Fechas Importantes* del GFE incluye fechas claves que usted debe conocer.

Línea 1 menciona la fecha y hora hasta la cual la tasa de intereses será válida.

Línea 2 menciona la fecha hasta la cual el estimado de Todos los Demás Costos de Compensación y Liquidación será válido. Esta fecha deberá estar abierta por lo menos durante 10 días hábiles a partir de la fecha en que se emitió el GFE para que usted pueda buscar el mejor préstamo para usted.

Línea 3 menciona el periodo de tiempo de la congelación de la tasa de intereses, tal como 30, 45 o 60 días, en el que se basó la GFE. Esto no significa que su tasa de intereses se encuentre congelada.

Línea 4 menciona el número de días anteriores a la liquidación dentro de los cuales usted deberá congelar su tasa de intereses.

Congelar su tasa de intereses y los puntos al mismo tiempo durante la solicitud o durante el procesamiento de su préstamo evitará que la tasa de intereses y los puntos cambien hasta que el periodo de congelación de la tasa de intereses expire.

Resumen de su Préstamo

Your initial loan amount is	$ 200,000.00
Your loan term is	30 years
Your initial interest rate is	5.0 %
Your initial monthly amount owed for principal, interest, and any mortgage insurance is	$ 1,173.00 per month
Can your interest rate rise?	☐ No ☒ Yes, it can rise to a maximum of %. The first change will be in
Even if you make payments on time, can your loan balance rise?	☒ No ☐ Yes, it can rise to a maximum of $
Even if you make payments on time, can your monthly amount owed for principal, interest, and any mortgage insurance rise?	☐ No ☒ Yes, the first increase can be in and the monthly amount owed can rise to $. The maximum it can ever rise to is $
Does your loan have a prepayment penalty?	☒ No ☐ Yes, your maximum prepayment penalty is $
Does your loan have a balloon payment?	☒ No ☐ Yes, you have a balloon payment of $ due in years.

El Resumen de las Condiciones de su Préstamo da a conocer la cantidad de su préstamo, la tasa de intereses inicial, y el interés principal, y la parte del seguro hipotecario incluido en su pago mensual de la hipoteca. También le informa si su tasa de intereses puede aumentar, si el saldo de su préstamo se puede elevar, si el pago de su hipoteca puede aumentar, y si hay penalizaciones por prepago o un pago mayor al vencimiento.

En el ejemplo anterior, la cantidad del préstamo es de $200,000, el cual será pagado en 30 años. La tasa de intereses inicial es del 5 por ciento, y el pago mensual hipotecario inicial es de $1,173, el cual incluye el seguro hipotecario, pero no incluye ninguna cantidad para pagar impuestos sobre la propiedad y seguro de propietario, si lo solicitara el acreedor.

En nuestro ejemplo, el préstamo tiene una tasa de intereses ajustable. Ya que la tasa de intereses puede aumentar, el recuadro de sí fue seleccionado, y el especialista en préstamos reportó que la tasa de intereses inicial del 5 por ciento podría subir hasta un 10 por ciento. La primera vez que su tasa de intereses podría aumentar sería 6 meses después de la liquidación, lo cual podría aumentar sus pagos a $1,290. A lo largo de la vida del préstamo, sus pagos mensuales podrían aumentar desde $1,173 hasta $1,842. Este ejemplo no incluye un pago mayor al vencimiento ni penalización por prepago.

Una penalización por prepago es un cargo que se determina si usted liquidó el préstamo dentro del periodo de tiempo que fue especificado, como por ejemplo tres años. *Un pago mayor al vencimiento se debe en una hipoteca que por lo general ofrece un pago mensual bajo durante un periodo inicial de tiempo. Después de que ese periodo de tiempo termine, el saldo debe ser pagado por el prestatario, o la cantidad debe ser refinanciada. Usted debe pensar con cuidado antes de estar de acuerdo con este tipo de préstamos hipotecarios. Si no puede refinanciar o pagar el saldo del préstamo, podría poner en riesgo su casa.*

Información de la Cuenta de Fideicomiso

Some lenders require an escrow account to hold funds for paying property taxes or other property-related charges in addition to your monthly amount owed of $ 1,173.00 .
Do we require you to have an escrow account for your loan?
☐ No, you do not have an escrow account. You must pay these charges directly when due.
[X] Yes, you have an escrow account. It may or may not cover all of these charges. Ask us.

El GFE también incluye una sección por separado conocida como información de la cuenta de Fideicomiso, la cual indica si se requiere o no de una cuenta de fideicomiso. Esta cuenta retiene los fondos necesarios para pagar impuestos sobre la propiedad, el seguro del propietario, seguro contra inundaciones (si lo solicita su acreedor), u otros costos relacionados con la propiedad. Los fideicomisos son muy convenientes ya que el costo de los impuestos sobre la propiedad y del seguro se dividen en doce pagos mensuales; el banco paga esas cuentas en su lugar cuando vencen. La mayoría de los acreedores solicitan una cuenta de fideicomiso si su enganche es menor al 20%.

Si el GFE especifica que usted necesitará una cuenta de fideicomiso, probablemente tendrá que pagar una cantidad inicial durante la liquidación para empezar la cuenta y una cantidad adicional al pago mensual normal. Si usted desea pagar directamente los impuestos sobre la propiedad y el seguro, algunos acreedores le darán una tasa de intereses más alta o le cobrarán una cuota. Si su acreedor no solicita una cuenta de fideicomiso, usted deberá pagar estos conceptos directamente cuando venzan.

Resumen de sus Costos de Liquidación

A	Your Adjusted Origination Charges *(See page 2.)*	$	3,750.00
B	Your Charges for All Other Settlement Services *(See page 2.)*	$	4,530.00
A + B	**Total Estimated Settlement Charges**	$	8,280.00

La sección final de la página 1 del GFE contiene los costos ajustados por apertura y el estimado de los costos totales por otros servicios de compensación y liquidación, los cuales están detallados en la página 2. Debería comparar el Estimado de los Costos Totales de Liquidación de varios GFEs.

Página 2 del GFE

El precio de un préstamo hipotecario se expresa en términos de una tasa de intereses y los costos de liquidación. Regularmente, usted puede pagar costos totales de liquidación más bajos a cambio de una tasa de intereses más alta y vice versa. Pregúntele a su especialista en préstamos por diferentes tasas de intereses y opciones de costos de liquidación.

Sus Costos Ajustados por Apertura, Bloque A

Your Adjusted Origination Charges	
1. Our origination charge This charge is for getting this loan for you.	$6,750.00
2. Your credit or charge (points) for the specific interest rate chosen ☐ The credit or charge for the interest rate of [____] % is included in "Our origination charge." (See item 1 above.) ☐ You receive a credit of $ [**$3,000**] for this interest rate of [**5%**] %. This credit **reduces** your settlement charges. ☐ You pay a charge of $ [____] for this interest rate of [____] %. This charge (points) **increases** your total settlement charges. The tradeoff table on page 3 shows that you can change your total settlement charges by choosing a different interest rate for this loan.	-$3,000.00
A Your Adjusted Origination Charges	$ $3,750.00

Bloque 1, Su costo por apertura incluye los costos del acreedor y del corredor de hipotecas y punto(s) por la apertura de su préstamo.

Bloque 2, Su crédito o punto(s) de costo por la tasa específica de intereses que eligió.

Si el recuadro 1 está seleccionado, e crédito o el cargo por la tasa de intereses es parte del costo por apertura mencionado en el Bloque 1.

Si el recuadro 2 está seleccionado, usted pagará una tasa de intereses más alta y recibirá un crédito para reducir o ajustar sus costos por apertura y otros costos de liquidación.

Si el recuadro 3 está seleccionado, usted pagará un punto(s) para reducir su tasa de intereses y, por lo tanto, pagará costos ajustados por apertura más altos.

Un punto es igual al uno por ciento de la cantidad de su préstamo.

Después de sumar o restar el Bloque 1 al Bloque 2, su Costo Ajustado por Apertura se muestra en el Bloque A.

En el ejemplo mostrado, el costo por apertura es de $6,750. No se pagó ningún punto para reducir la tasa de intereses. En lugar de eso, debido a la tasa de intereses que se eligió, la oferta incluye un crédito de $3,000 que reduce el costo ajustado por apertura a $3,750.

Sus Costos por Otros Servicios de Liquidación, Bloque 3 al 11

3. Required services that we select These charges are for services we require to complete your settlement. We will choose the providers of these services.		$383.00
Service	*Charge*	
Appraisal	$275.00	
Flood Certification	$52.00	
Tax Service	$56.00	
4. Title services and lender's title insurance This charge includes the services of a title or settlement agent, for example, and title insurance to protect the lender, if required.		$1,275.00
5. Owner's title insurance You may purchase an owner's title insurance policy to protect your interest in the property.		$175.00
6. Required services that you can shop for These charges are for other services that are required to complete your settlement. We can identify providers of these services or you can shop for them yourself. Our estimates for providing these services are below.		$295.00
Service	*Charge*	
Survey	$250.00	
Pest Inspection	$45.00	

Además de los costos por la apertura de su crédito, hay otros costos por servicios que serán necesarios para obtener su hipoteca. Para algunos de estos servicios, el especialista en préstamos elegirá la compañía que realizará el servicio (Bloque 3). El especialista por lo general permite que usted elija el servicio de liquidación para servicios de títulos de propiedad y el seguro de títulos de propiedad del acreedor (Bloque 4). También se reporta el seguro del título de propiedad del dueño (Bloque 5). Otros servicios necesarios que usted podría buscar están incluidos en Servicios Requeridos (Bloque 6).

Bloque 3 incluye los costos de los servicios requeridos en los que el especialista en préstamos elige al proveedor de servicios de liquidación. Éstos no son servicios que pueda buscar y por lo general incluyen conceptos tales como avalúo de la propiedad, reporte de crédito, certificación de inundaciones, servicio de impuestos, y cualquier seguro hipotecario requerido.

Bloque 4 incluye los costos por servicios de títulos de propiedad, la póliza de seguro del título de propiedad del acreedor y los servicios de título de propiedad, liquidación, o agente de fideicomiso para dirigir la liquidación.

Bloque 5 incluye el costo de la póliza del seguro de título de propiedad del dueño y protege sus intereses.

Bajo la RESPA, el vendedor podría no solicitarle, como condición para la venta, comprar el seguro de título de propiedad a través de una compañía de títulos de propiedad en particular.

7. Government recording charges These charges are for state and local fees to record your loan and title documents.	$50.00
8. Transfer taxes These charges are for state and local fees on mortgages and home sales.	$1,368.00
9. Initial deposit for your escrow account This charge is held in an escrow account to pay future recurring charges on your property and includes [X] all property taxes, [X] all insurance, and [ ] other [_____].	$306.00
10. Daily interest charges This charge is for the daily interest on your loan from the day of your settlement until the first day of the next month or the first day of your normal mortgage payment cycle. This amount is $[28.00] per day for [1] days (if your settlement is [1/31/2010]).	$28.00
11. Homeowner's insurance This charge is for the insurance you must buy for the property to protect from a loss, such as fire. Policy Charge Homeowner's insurance $650.00	$650.00

Bloque 6 incluye los costos por los servicios requeridos para los cuales usted busca al proveedor. Algunos de estos conceptos podrían incluir una investigación o inspección de plagas.

Bloque 7 incluye los costos de las entidades gubernamentales para registrar la escritura y los documentos relacionados con el préstamo.

Bloque 8 incluye los costos por estado y gobiernos locales con respecto a los impuestos relacionados con la hipoteca y la transferencia del título de la propiedad.

Bloque 9 incluye la cantidad inicial que usted pagará al momento de la liquidación para empezar la cuenta de fideicomiso, si lo requiere el acreedor.

Bloque 10 incluye los costos por los intereses diarios del préstamo a partir del día de la liquidación hasta el primer día del siguiente mes.

Bloque 11 incluye el costo anual de cualquier seguro que solicite el acreedor para proteger la propiedad, tal como el seguro del propietario y seguro contra inundaciones.

Estimado Total de Costos de Liquidación

B	Your Charges for All Other Settlement Services	$ $4,530
A + **B**	Total Estimated Settlement Charges	$ $8,280

"Sus costos por Otros Servicios de Liquidación," Bloque 3 al 11, se suman en el Bloque B. Los Bloques A y B se suman, dando como resultado el estimado total de los costos de liquidación relacionados con la obtención del préstamo. Estos Bloques son trasladados a la parte inferior de la página 1 del GFE.

Página 3 del GFE

La Página 3 del GFE incluye instrucciones e información importante para ayudarle a buscar el mejor préstamo para usted.

These charges cannot increase at settlement:	The total of these charges can increase up to 10% at settlement:	These charges can change at settlement:
■ Our origination charge ■ Your credit or charge (points) for the specific interest rate chosen (after you lock in your interest rate) ■ Your adjusted origination charges (after you lock in your interest rate) ■ Transfer taxes	■ Required services that we select ■ Title services and lender's title insurance (if we select them or you use companies we identify) ■ Owner's title insurance (if you use companies we identify) ■ Required services that you can shop for (if you use companies we identify) ■ Government recording charges	■ Required services that you can shop for (if you do not use companies we identify) ■ Title services and lender's title insurance (if you do not use companies we identify) ■ Owner's title insurance (if you do not use companies we identify) ■ Initial deposit for your escrow account ■ Daily interest charges ■ Homeowner's insurance

Entendiendo Qué Costos Pueden Cambiar Durante la Liquidación

Existen tres categorías diferentes de costos que usted pagará al momento del cierre: los costos que no pueden aumentar durante la liquidación, los costos que no pueden aumentar en total más de un 10%, y los costos que pueden aumentar durante la liquidación. Usted puede utilizar esto como una guía para entender qué costos pueden o no cambiar. Compare su GFE con los cargos reales listados en el Informe de Liquidación HUD-1 para asegurarse que su acreedor no le esté cobrando más de lo permitido.

Lista por Escrito de los Proveedores de Servicios de Liquidación

Le darán una lista por escrito con su GFE que incluye todos los servicios de liquidación que se le solicitará que tenga y los que están permitidos que usted busque. Usted puede seleccionar un proveedor de esta lista, o puede elegir su propio proveedor certificado. Si usted elige un nombre de la lista por escrito que le proporcionaron, el costo se encontrará dentro de la categoría de tolerancia del 10%. Si usted elige su propio proveedor de servicios, el 10% de tolerancia no será aplicable.

Aun cuando usted encuentre un mejor trato al seleccionar a su propio proveedor, deberá elegirlo con mucho cuidado, ya que esos costos podrían aumentar durante la liquidación. Si su especialista en préstamos no cumpliera con proporcionarle una lista de proveedores de servicios de liquidación, el 10% de tolerancia aplicará automáticamente.

Utilizando la Tabla de Compensación

	The loan in this GFE	The same loan with lower settlement charges	The same loan with a lower interest rate
Your initial loan amount	$ 200,000.00	$ 200,000.00	$ 200,000.00
Your initial interest rate¹	5 %	6 %	4.5 %
Your initial monthly amount owed	$	$	$
Change in the monthly amount owed from this GFE	No change	You will pay $ **more** every month	You will pay $ **less** every month
Change in the amount you will pay at settlement with this interest rate	No change	Your settlement charges will be **reduced** by $ 1,500	Your settlement charges will **increase** by $ 1,500
How much your total estimated settlement charges will be	$ 8,280.00	$ 6,780.00	$ 9,780.00

¹ *For an adjustable rate loan, the comparisons above are for the initial interest rate before adjustments are made.*

La tabla de compensación de la página 3 le ayudará a entender cómo pueden cambiar los pagos de su préstamo si usted paga más costos de liquidación y recibe una tasa de intereses más baja o si paga menos costos de liquidación y obtiene una tasa de intereses más alta.

Utilizando la Tabla de Compra

	This loan	Loan 2	Loan 3	Loan 4
Loan originator name	ABC Company	DEF Company	CS Company	
Initial loan amount	$200,000.00	$200,000.00	$200,000.00	
Loan term	30 Years	30 Years	30 Years	
Initial interest rate	5.0%	5.0%	5.375%	
Initial monthly amount owed	$1,173.00	$1,173.00	$1,219.00	
Rate lock period	30 Days	30 Days	30 Days	
Can interest rate rise?	yes	yes	yes	
Can loan balance rise?	no	no	no	
Can monthly amount owed rise?	yes	yes	yes	
Prepayment penalty?	no	no	no	
Balloon payment?	no	no	no	
Total Estimated Settlement Charges	$8,280.00	$8,309.00	$5,480.00	

Usted puede utilizar esta tabla para comparar préstamos similares que ofrecen diferentes especialistas en préstamos. Llene cada columna con la información mencionada en la sección del Resumen de su préstamo de la primera página de todos sus GFEs. Compare cada oferta y elija el mejor préstamo para usted.

El especialista en préstamos deberá llenar la primera columna con la información incluida en el GFE. Si el especialista en préstamos tiene el mismo producto disponible con una tasa de intereses más baja o más alta, éste podría decidir llenar las columnas restantes. Si la segunda o tercera columna no fue completada, pregúntele al especialista si tienen el mismo producto con tasas de intereses diferentes.

Formato de Estimado de Préstamo (A partir de Agosto del 2015)

La Agencia de Protección Financiera del Consumidor (CFPB) ahora solicita formatos de información de hipotecas que sean más fáciles de entender y que expongan claramente las condiciones de la hipoteca para un comprador. Los nuevos formatos hipotecarios "Conozca Antes de Adquirirlo" (Estimación de Préstamo y Reporte de Cierre) reemplazarán a los reportes actuales (Estimado de Buena Fe y HUD-1) a partir de Agosto del 2015. Estos nuevos formatos ayudarán a los consumidores a entender sus opciones, elegir el trato que sea más conveniente para ellos, y evitar sorpresas costosas durante el cierre.

Los pasos para buscar y comparar hipotecas son los mismos mencionados en la sección anterior, pero se repetirán aquí por razones de conveniencia.

Buscando un Préstamo

Después de que usted haya encontrado una casa, contacte a varios acreedores y pídales cotizaciones. El ejecutivo de préstamos lo referirá a su sitio de internet para la solicitud de préstamo o le tomará su información por teléfono, y luego le enviará ya sea su Estimación de Préstamo o una Hoja de Cálculo con las Cuotas Iniciales. Compare los documentos, con la ayuda de su agente si es necesario, y busque los más económicos *que puedan cerrar el trato a tiempo.*

Recuerde, si no le dan el precio en un formato de Estimación de Préstamo, éste puede cambiar.

ESTE PASO ES IMPORTANTE

Envíe a sus mejores opciones la siguiente información. Hágalo por escrito (por correo electrónico está bien) con acuse de recibo:

- Su nombre(s) completo
- Su ingreso(s) mensual
- Su número(s) de Seguridad Social
- La dirección de la propiedad
- La cantidad del préstamo
- El valor de la propiedad o precio de venta

El proporcionarles *toda* esta información inicia la solicitud para que un Estimado de Préstamo le sea entregado *en tres días*. El acreedor está obligado por la RESPA (ley de hipotecas) a darle un Estimado de Préstamo y todas las garantías de precio que éste incluye. Los cambios en cuanto al ingreso, precio de venta, programa de préstamo o congelar su tasa de intereses pueden generar un nuevo Estimado de Préstamo, convirtiendo al original en obsoleto. El Estimado de Préstamo final es el que debe coincidir con su informe de liquidación durante el cierre.

Después de comparar varios Estimados de Préstamo, elija el mejor préstamo para usted e infórmele al especialista en préstamos que le gustaría proceder con el préstamo. Quédese con su Estimado de Préstamo original para que pueda compararlo con los costos finales de liquidación en su Reporte de Cierre (mencionado más adelante), aun cuando el Reporte de Cierre incluye una comparación de lo que se cotizó y de lo que fue entregado. Algunos costos no pueden ser incrementados, y su acreedor deberá reembolsárselos si esos costos fueron ilegal o erróneamente elevados. Otros pueden aumentar por un margen del diez por ciento, y el acreedor tiene que reembolsarle cualquier exceso.

> *El ejecutivo de préstamos tal vez quiera que usted le proporcionara un número de tarjeta de crédito o cheque para que él pueda ordenar el avalúo. NO le dé un centavo hasta que usted esté 100% seguro de que planea usarlo. USTED NO ESTÁ OBLIGADO A USAR UN ACREEDOR SIMPLEMENTE PORQUE LE ENVÍEN UN ESTIMADO DE PRÉSTAMO.*

El nuevo documento de Estimado de Préstamo está tan bien redactado que no necesita explicación. De verdad. El Estimado de Préstamo es de tres páginas. La primera página incluye la información que identifica al prestatario y al préstamo, las condiciones del préstamo, los pagos mensuales proyectados, el estimado total de los costos de cierre, y el estimado total del efectivo necesario para cerrar. La segunda página desglosa los costos de cierre con más detalle e incluye información sobre cantidades pre-pagadas y de fideicomiso, al igual que un detalle del efectivo necesario para cerrar. La tercera página incluye un resumen de los costos del préstamo por cinco años (para permitir una comparación con otros productos de préstamo), junto con los informes requeridos con respecto a la entrega de una copia del avalúo al prestatario, si el préstamo es asumible, si se necesita un seguro para el propietario, información sobre cuotas por pagos atrasados, y si el servicio de préstamo puede ser transferible. La tercera página también incluye un recuadro de firma para que los consumidores confirmen el recibo del informe.

FICUS BANK
4321 Random Boulevard • Somecity, ST 12340

Save this Loan Estimate to compare with your Closing Disclosure.

Loan Estimate

DATE ISSUED	2/15/2013	
APPLICANTS	Michael Jones and Mary Stone	
	123 Anywhere Street	
	Anytown, ST 12345	
PROPERTY	456 Somewhere Avenue	
	Anytown, ST 12345	
SALE PRICE	$180,000	

LOAN TERM	30 years
PURPOSE	Purchase
PRODUCT	Fixed Rate
LOAN TYPE	☒ Conventional ☐ FHA ☐ VA ☐ _____
LOAN ID #	123456789
RATE LOCK	☐ NO ☒ YES, until 4/16/2013 at 5:00 p.m. EDT

*Before closing, your interest rate, points, and lender credits can change unless you lock the interest rate. All other estimated closing costs expire on **3/4/2013** at 5:00 p.m. EDT*

Loan Terms		Can this amount increase after closing?
Loan Amount	$162,000	**NO**
Interest Rate	3.875%	**NO**
Monthly Principal & Interest *See Projected Payments below for your Estimated Total Monthly Payment*	$761.78	**NO**
		Does the loan have these features?
Prepayment Penalty		**YES** • As high as $3,240 if you pay off the loan during the first 2 years
Balloon Payment		**NO**

Estimado de Préstamo - Parte Superior de la Página Uno

Projected Payments

Payment Calculation	Years 1-7		Years 8-30
Principal & Interest	$761.78		$761.78
Mortgage Insurance	+	82	+ —
Estimated Escrow Amount can increase over time	+	206	+ 206
Estimated Total Monthly Payment	**$1,050**		**$968**

		This estimate includes	In escrow?
Estimated Taxes, Insurance & Assessments Amount can increase over time	**$206** a month	[X] Property Taxes [X] Homeowner's Insurance [ ] Other: *See Section G on page 2 for escrowed property costs. You must pay for other property costs separately.*	YES YES

Costs at Closing

Estimated Closing Costs	**$8,054**	Includes $5,672 in Loan Costs + $2,382 in Other Costs – $0 in Lender Credits. *See page 2 for details.*
Estimated Cash to Close	**$16,054**	Includes Closing Costs. *See Calculating Cash to Close on page 2 for details.*

Visit **www.consumerfinance.gov/mortgage-estimate** for general information and tools.

LOAN ESTIMATE

PAGE 1 OF 3 • LOAN ID # 123456789

Estimado de Préstamo - Parte Inferior de la Página Uno

Closing Cost Details

Loan Costs

A. Origination Charges	$1,802
.25 % of Loan Amount (Points)	$405
Application Fee	$300
Underwriting Fee	$1,097

B. Services You Cannot Shop For	$672
Appraisal Fee	$405
Credit Report Fee	$30
Flood Determination Fee	$20
Flood Monitoring Fee	$32
Tax Monitoring Fee	$75
Tax Status Research Fee	$110

Other Costs

E. Taxes and Other Government Fees	$85
Recording Fees and Other Taxes	$85
Transfer Taxes	

F. Prepaids	$867
Homeowner's Insurance Premium (6 months)	$605
Mortgage Insurance Premium (months)	
Prepaid Interest ($17.44 per day for 15 days @ 3.875%)	$262
Property Taxes (months)	

G. Initial Escrow Payment at Closing	$413
Homeowner's Insurance $100.83 per month for 2 mo.	$202
Mortgage Insurance per month for mo.	
Property Taxes $105.30 per month for 2 mo.	$211

H. Other	$1,017
Title – Owner's Title Policy (optional)	$1,017

I. TOTAL OTHER COSTS (E + F + G + H)	$2,382

Estimado de Préstamo - Parte Superior de la Página Dos

C. Services You Can Shop For	$3,198
Pest Inspection Fee	$135
Survey Fee	$65
Title – Insurance Binder	$700
Title – Lender's Title Policy	$535
Title – Settlement Agent Fee	$502
Title – Title Search	$1,261
D. TOTAL LOAN COSTS (A + B + C)	**$5,672**

J. TOTAL CLOSING COSTS	$8,054
D + I	$8,054
Lender Credits	

Calculating Cash to Close

Total Closing Costs (J)	$8,054
Closing Costs Financed (Paid from your Loan Amount)	$0
Down Payment/Funds from Borrower	$18,000
Deposit	– $10,000
Funds for Borrower	$0
Seller Credits	$0
Adjustments and Other Credits	$0
Estimated Cash to Close	**$16,054**

Estimado de Préstamo - Parte Inferior de la Página Dos

Additional Information About This Loan

LENDER	Ficus Bank	MORTGAGE BROKER	
NMLS/__ LICENSE ID		NMLS/__ LICENSE ID	
LOAN OFFICER	Joe Smith	LOAN OFFICER	
NMLS/__ LICENSE ID	12345	NMLS/__ LICENSE ID	
EMAIL	joesmith@ficusbank.com	EMAIL	
PHONE	123-456-7890	PHONE	

Comparisons — Use these measures to compare this loan with other loans.

In 5 Years	$56,582	Total you will have paid in principal, interest, mortgage insurance, and loan costs.
	$15,773	Principal you will have paid off.
Annual Percentage Rate (APR)	4.274%	Your costs over the loan term expressed as a rate. This is not your interest rate.
Total Interest Percentage (TIP)	69.45%	The total amount of interest that you will pay over the loan term as a percentage of your loan amount.

Estimado de Préstamo - Parte Superior de la Página Tres

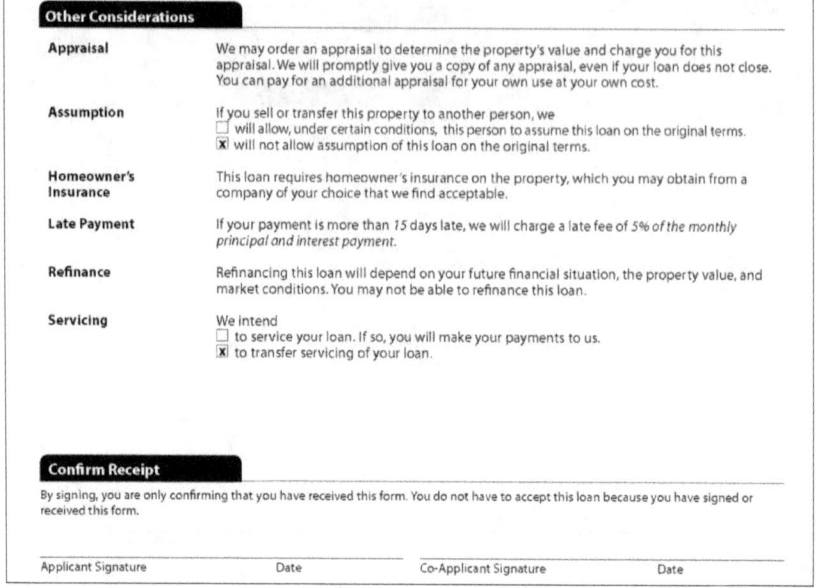

Estimado de Préstamo - Parte Inferior de la Página Tres

Tipos de Préstamos

En los últimos años, los programas de financiamiento de alto riesgo y sin pago inicial han desaparecido, y la industria hipotecaría ha regresado a los programas tradicionales de hipotecas. La FHA y el financiamiento Convencional son los tipos más tradicionales de financiamiento.

Si usted califica para el financiamiento convencional, ésta es la opción más barata. Si no, busque una FHA. Algunas personas erróneamente creen que los préstamos FHA son estrictamente para prestatarios de bajos ingresos. Esto es totalmente falso. Personas con todo tipo de ingresos obtienen préstamos FHA.

Las siguientes secciones señalan los requerimientos y beneficios de cada tipo de préstamo.

Financiamiento Convencional vs. Financiamiento FHA

Financiamiento FHA

El FHA es un programa hipotecario asegurado por el gobierno, lo que significa que el gobierno garantiza el préstamo si el prestatario incurre en incumplimiento de pago. Este tipo de financiamiento fue parte de la iniciativa del gobierno para fomentar la adquisición de viviendas. Los requisitos del crédito son mucho más flexible, y usted puede por lo regular obtener un préstamo con un puntaje crediticio de 580. El enganche mínimo para un préstamo FHA es el 3.5 por ciento del precio de compra, y *sí* aceptan fondos donados por un familiar cercano.

El programa FHA se está volviendo cada vez más popular últimamente, ya que es más fácil calificar que para una hipoteca convencional. El FHA es, sin embargo, más caro que el financiamiento convencional.

Prima de Seguro Hipotecario (MIP)

El seguro hipotecario es una póliza de seguros que protege a los acreedores en caso de que el prestatario incurra en incumplimiento del pago del préstamo. Los préstamos FHA requieren de dos tipos diferentes de primas de seguros hipotecarios para la mayoría de los compradores. La primera es conocida como Prima de Seguro Hipotecario Inicial (UFMIP), y es un porcentaje (aproximadamente el 1.5 por ciento) de la cantidad total que usted está pidiendo prestado. Puede pagarse en efectivo durante el cierre o puede incluirse a la cantidad del préstamo. El segundo tipo de seguro hipotecario se conoce como MIP (Prima de Seguro Hipotecario) mensual. Las primas MIP se pagan como parte de sus pagos hipotecarios mensuales. En años anteriores, las MPI podían ser canceladas una vez que el prestatario tuviera aproximadamente 20% de capital en la casa, ya sea a través de una apreciación o una reducción de capital. *Esos días quedaron en el pasado.* En el 2013 las reglas cambiaron. Los prestatarios FHA que dan menos del 10%

como pago inicial tienen que pagar una prima MIP durante la vida del préstamo. Repetiré esto para enfatizarlo.

Los prestatarios FHA que dan menos del 10% como pago inicial tienen que pagar una MIP anual durante la vida del préstamo.

Si su puntaje crediticio es de 680 o más, pero tiene poco dinero en el banco, un mejor préstamo para usted es el Convencional 97, que discutiremos más adelante.

Financiamiento Convencional

Un préstamo convencional es aquel que no está asegurado por el gobierno; el acreedor asume el riesgo de perder dinero en caso que el prestatario incurra en incumplimiento del pago de la hipoteca. Las hipotecas convencionales son para aquellos prestatarios que tienen un mejor crédito; los puntajes crediticios necesitan estar en el rango superior al 680. Espere dar un pago inicial de entre el 3 al 20 por ciento cuando compre una casa utilizando una hipoteca convencional.

Seguro Hipotecario Privado (PMI)

La mayoría de los acreedores solicitan un seguro hipotecario privado (PMI) cuando el comprador da menos del 20% de pago inicial del valor de una casa después de la compra. Permite a los compradores dar enganches más pequeños, posibilitándoles comprar una casa más pronto dado que no tienen que ahorrar tanto dinero. A diferencia del MIP que está relacionado con un préstamo FHA, no hay prima inicial que pagar con un préstamo convencional. Además, el PMI puede ser cancelado cuando el propietario tenga suficiente capital sobre la propiedad (por lo general entre un 20-22 por ciento), ya sea a través de una apreciación o una reducción del capital.

Convencional 97

El programa Convencional 97 requiere de un enganche mínimo del 3 por ciento, en base al avalúo más bajo de la casa o al precio de compra. Para una casa de $150,000, esto se traduce en un enganche de $4,500 (3%), comparado con $5,250 para un préstamo FHA (3.5%). Además de los otros beneficios de un préstamo convencional mencionados anteriormente, (no hay prima inicial y la capacidad de cancelar el PMI con un 20% de capital), los fondos para el enganche pueden ser por lo regular donados a través de terceros.

Si usted tiene un puntaje crediticio lo suficientemente alto (680+), éste es un mucho mejor préstamo que el FHA.

Tasa Fija vs. Tasa Ajustable

Una tasa fija o ajustable se refiere a la tasa de intereses, la cual puede seguir siendo la misma a lo largo de la vida del préstamo o cambiar periódicamente. Las tasas fijas y ajustables se describen a continuación.

Tasa Fija

Una hipoteca con tasa fija tiene una tasa de intereses que nunca cambia. Esto significa, a diferencia de una hipoteca con tasa ajustable, que usted está protegido de pagos hipotecarios mensuales más altos si las tasas de intereses aumentaran repentinamente. Si las tasas hipotecarias bajaran, sin embargo, usted no se beneficiaría con una tasa más baja a menos que hiciera un refinanciamiento.

Aunque la tasa de intereses es fija, la cantidad que usted pagará depende del plazo de la hipoteca. Los plazos más comunes son de 30, 20, y 15 años. La hipoteca de 30 años es la más popular porque tiene el pago mensual más bajo. La compensación está en que el préstamo en general cuesta mucho más porque usted estará pagando más intereses durante diez o quince años.

Además, la tasa de intereses para una hipoteca a 30 años es comúnmente más alta que con un plazo más corto.

Si usted está interesado en un préstamo con un plazo más corto pero le preocupa tener un pago más alto, opte por la hipoteca a 30 años y siga los consejos de la sección titulada "Pagando su Hipoteca por Adelantado" más adelante en este libro.

Hipotecas con Tasas Ajustables

Las ARMs resultan atractivas para algunos porque la tasa inicial es baja, lo que permite al prestatario calificar para un préstamo más grande. Son riesgosos porque la tasa de intereses de su hipoteca (y por lo tanto su pago hipotecario) cambiará con frecuencia a lo largo de la vida del préstamo. Algunos están estructurados de manera que las tasas de intereses puedan más que duplicarse en tan sólo unos cuantos años. Si usted no tiene planeado vivir en la propiedad el tiempo suficiente como para que las tasas aumenten, entonces un ARM podría ser una buena elección. De otra manera, especialmente con las tasas de intereses bajas de hoy en día, quédese con una hipoteca con una tasa fija.

USDA/Préstamos para Viviendas Rurales

Los préstamos USDA están asegurados por el Departamento de Agricultura. La característica más notable es su opción de "sin pago inicial" o "100% de financiamiento". El propósito del préstamo es impulsar el desarrollo de las áreas rurales, y tanto la propiedad como el comprador deben calificar para el financiamiento USDA. Aparte de eso, son muy parecidos a otros tipos de préstamos.

Con la excepción del financiamiento VA, los préstamos USDA son realmente la única fuente de financiamiento sin pago inicial estos días. ¿Por qué? Porque cuando el propietario no arriesga nada en el juego (garantía hipotecaria), hay una probabilidad mucho más alta de que abandonarán su hipoteca e terminarán en un embargo. La mayoría de los acreedores ya no se sienten cómodos con ese nivel de riesgo. Además, ningún pago inicial significa que el comprador está transfiriendo sus costos de cierre al préstamo y le tomará años crear un capital. Si ya no pueden costear sus pagos, y no tienen suficiente capital en la propiedad para cubrir los gastos de venta, están atorados. No tienen otra opción más que alejarse de la hipoteca.

Comprar una casa en una zona USDA es un riesgo, incluso si no obtiene un préstamo USDA. Un gran número de embargos disminuye el valor de todo el barrio. La zona podrá ser hermosa cuando se mude, pero conforme pase el tiempo y sus vecinos empiecen a descuidarse y a finalmente perder sus casas, eso cambiará. Su encantadora zona y el valor de su casa disminuirán cuando el 50% de sus vecinos abandonen sus casas.

Existe una razón por la que los compradores deben ser atraídos (o sobornados) para que se muden a zonas rurales. Estas zonas están lejos de todo, lo que significa que revenderlas puede ser difícil. La cantidad de posibles compradores en zonas rurales es mucho más pequeña que en zonas que están más cerca de las comodidades modernas. Proceda con cautela si planea comprar una casa de esta manera.

Su Préstamo Paso a Paso

Lo siguiente es una descripción de qué pasa, paso a paso, si usted elige un acreedor y llena su solicitud de préstamo:

1. **Solicitarán su Documentación** - Dentro de un periodo de 24 horas posteriores a la solicitud, su acreedor solicitará un reporte de crédito, avalúo, verificación de empleo y fondos para cerrar, y cualquier otra documentación de apoyo que sea necesaria.

2. **Esperar la Documentación** - Después de presentar su documentación de apoyo, el ejecutivo de préstamo revisa cualquier problema posible y solicita elementos adicionales según sea necesario. Puede tomar de dos a tres semanas para que reciban todos los elementos.

3. **Presentación del Préstamo** - Una vez que toda la documentación necesaria ha sido recibida, el ejecutivo de préstamos revisa los programas actuales para asegurar que usted obtenga la mejor tasa y condiciones posibles. El procesador de préstamos entonces arma el paquete del préstamo y lo presenta a la aseguradora para su aprobación.

4. **Aprobación del Préstamo** - La aprobación del préstamo por lo general tarda entre 24 y 72 horas. Se notifica a todas las partes de la aprobación y de las condiciones del préstamo que deben recibirse antes de que éste se pueda cerrar. La aprobación del préstamo es el inicio del proceso de cierre.

5. **Se Crea la Documentación** - Entre uno o tres días después de la aprobación del préstamo, los documentos del préstamo (incluyendo el pagaré y la escritura del fideicomiso) son completados y enviados a la compañía de títulos de propiedad. El ejecutivo del fideicomiso llama a los prestatarios para que se presenten cuando los papeles estén listos para la firma final. En este momento, se informa a los prestatarios cuánto dinero necesitarán llevar para cerrar el préstamo.

6. **Financiamiento** - Una vez que todas las partes hayan firmado la documentación del préstamo, ésta se regresan al acreedor, quien revisa el paquete. Si todos los formatos se han elaborado de manera adecuada, se emite el cheque para financiar el préstamo.

7. **Registro** - Cuando la compañía de títulos de propiedad recibe el cheque de financiamiento de parte del acreedor, hace que la garantía del acreedor para el préstamo se convierta en asunto del registro público. Hacen esto al registrar el pagaré y la escritura del

fideicomiso en la oficina de registro del condado. ¡Ahora el fideicomiso queda oficialmente cerrado y la casa es suya!

{ 7 }

Un Minuto de Silencio

Después de que se han acordado las reparaciones y usted ha hecho una solicitud formal para un préstamo con su acreedor, las cosas se ponen muy silenciosas. Algunos compradores erróneamente creen que no pasa nada, cuando de hecho pasan muchas, muchas cosas atrás del escenario. Todos los elementos a continuación deben ser completados y aprobados antes de cerrar:

Seguro del Título de Propiedad

El seguro del título de propiedad es una protección contra pérdidas derivadas de problemas relacionados con el título de su propiedad. Antes de comprar su casa, muchas personas pudieron haber sido dueños de la propiedad, e incluso muchos más pudieron haber sido dueños del terreno. A esto se le llama la "cadena de títulos". Cuando la propiedad se vende, si alguien falsificó una firma (tal vez algún cónyuge anterior), o si hubo impuestos que no se pagaron u otros gravámenes, hay una nube en el título. Una nube en el título indica que hay un gravamen o reclamación que necesita ser aclarada antes de que pueda venderse.

El seguro del título de propiedad cubre a la parte asegurada por cualquier reclamación y cuotas legales que puedan derivarse de tales problemas. Si usted compra una casa, por ejemplo, y el cónyuge anterior de alguien afirma que él o ella nunca firmaron la documentación para vender la casa, usted estará cubierto por el seguro del título de propiedad. El seguro del acreedor lo protege a él hasta por la cantidad de la hipoteca, pero no protege su capital sobre la hipoteca. Por eso es que usted necesita una póliza de título del propietario por el valor total de la casa. En muchas zonas, los vendedores pagan sus pólizas de propietarios como parte de su obligación de entregar un buen título de propiedad al comprador. En otras zonas, los prestatarios deben comprarlo como complemento de la póliza del acreedor.

Avalúo

Un valuador, un tercero objetivo a la transacción, lleva a cabo el avalúo. El trabajo del valuador es dar su opinión profesional en cuanto al valor comercial de la casa. Los acreedores usan valuadores para determinar la cantidad adecuada del préstamo. Un acreedor no prestará más del valor de la casa, y la cantidad del avalúo se utiliza para determinar los índices comunes de préstamos que se toman en cuenta durante el proceso de aprobación del préstamo, tal como el índice entre préstamo y valor, o LTV. Usted tiene derecho a tener una copia del avalúo; después de todo, usted pagó entre $350-400 por él. Si su acreedor no le envía una copia, pídasela. Están obligados a dársela.

Estudio

Un estudio de la propiedad es un croquis o mapa de una propiedad que muestra sus límites y otras características físicas (ver a continuación). También muestra la ubicación relativa de una casa, cobertizo, y/u otro edificio y cercas dentro de la propiedad, y generalmente incluye la ubicación de cualquier servicio público o municipal. Los acreedores de hipotecas por lo general solicitan un estudio de la propiedad antes de prestar dinero para una hipoteca, y muchas aseguradoras de títulos de propiedad también lo solicitan. Texas permite que el vendedor comparta el estudio con el comprador, suponiendo que no haya habido cambios en la propiedad. Esto le ahorra al comprador varios cientos de dólares durante el cierre.

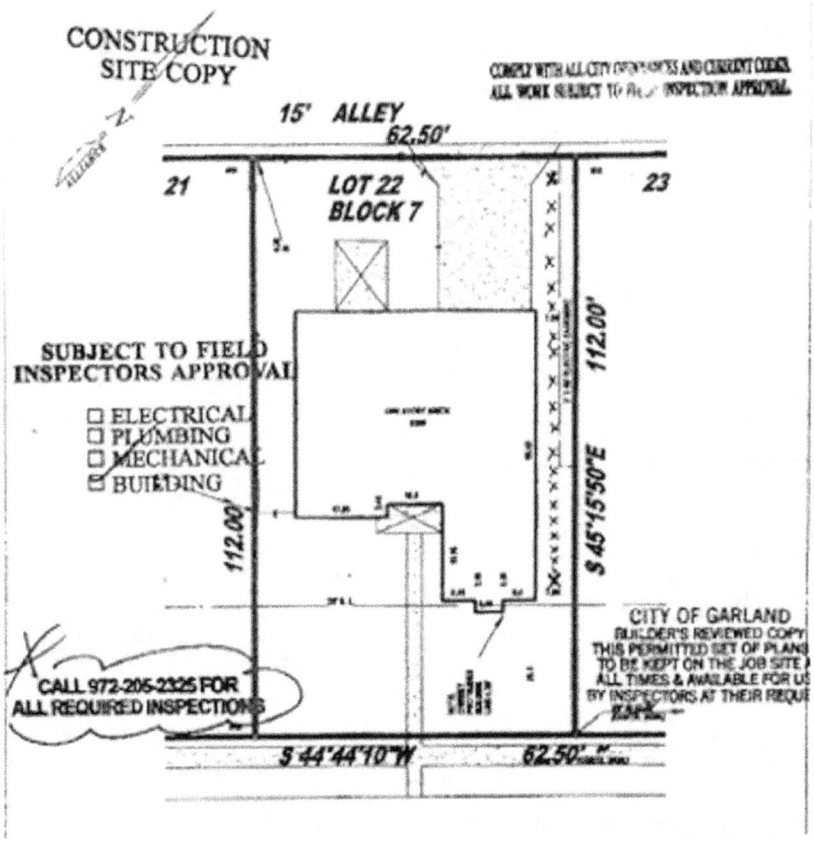

Aprobación del Préstamo

Los pasos del proceso de préstamo se mencionaron anteriormente. Para recapitular, después de que usted haya entregado toda su documentación de apoyo, su préstamo se pasa a la aseguradora para la aprobación final. Después de que se cubren las condiciones de la aseguradora, su archivo se declara como "aprobado para cerrar." Los documentos entonces se preparan y se envían a la compañía de títulos de propiedad.

Asociación de Propietarios (HOA)

Si usted está comprando casa en una urbanización o condominio que tenga una HOA, se notificará a la asociación, y la documentación será transferida a su nombre. Si el vendedor tiene cuotas pendientes o multas, éstas se cobrarán antes del cierre. Después del cierre, usted recibirá una factura directamente de parte de la HOA cuando las cuotas del año siguiente hayan vencido.

Seguro del Propietario

Es su responsabilidad conseguir un seguro de propietario antes del cierre. El seguro del propietario lo protege contra pérdidas por incendio y otros peligros que podrían afectar el valor de su casa. Es mucho más fácil buscar un seguro de propietario que una hipoteca porque las primas sólo cambian ocasionalmente, así que el precio que le coticen probablemente será el precio que pagará.

Al buscar la prima más baja, usted necesitará tener cuidado de comparar manzanas con manzanas...

Compare dos conceptos: el deducible y la cobertura.

El "deducible" es la parte de la pérdida que es responsabilidad del propietario. Sólo las pérdidas por encima de esa cantidad están aseguradas. Los deducibles más altos tienen primas más bajas. Pero los acreedores limitan la cantidad de deducible que autorizarán - el uno por ciento es normalmente el máximo.

La "cobertura" determina la pérdida máxima que la póliza pagará. Hay cuatro niveles de cobertura:

- valor real en efectivo (la cobertura más baja)
- costo por reposición
- costo extendido por reposición
- costo garantizado por reposición (la cobertura más alta, pero no siempre está disponible).

La cobertura más alta implica primas más altas. Los acreedores normalmente solicitan una cobertura del 125 por ciento del costo de reposición, aunque esto puede reducirse si el terreno representa una gran parte del valor de la casa.

Llame a varios agentes de seguros para obtener cotizaciones, y cuando haya elegido, pídale al agente de seguros que envíe una "carpeta" a lacompañía de títulos de propiedad. La compañía de títulos de propiedad es responsable de cobrarle el dinero a usted y de pagar la póliza durante el cierre.

Garantía de la Casa

La garantía de la casa es un contrato entre una compañía de garantías de vivienda y un propietario que proporciona descuento en reparaciones o reemplazos en una variedad de artículos de una casa. Usted puede elegir su nivel de cobertura para incluir los artículos básicos como el horno, el aire acondicionado, la plomería y los sistemas eléctricos, o puede agregar una cobertura para electrodomésticos, albercas, refrigeradores y otros.

Si algo que funcionaba en su casa durante el cierre se rompe, puede llamar a la compañía de garantías de viviendas. La garantía de la casa enviará al proveedor de servicio correcto para hacer el trabajo. Se hace la reparación o se reemplaza el componente, y el propietario únicamente paga el costo de la llamada del servicio, por lo general entre $60-100.

Existen muchas compañías diferentes de garantías de viviendas y muchos niveles diferentes de servicio. Las exclusiones varían en sus contratos, así que revise cuidadosamente cuando esté haciendo su elección, y haga que la cobertura correcta coincida con la casa que está comprando. Por ejemplo, si el calentador de agua funciona pero está un poco viejo, asegúrese que la póliza que elija lo reemplace.

Yo siempre negocio la garantía de una casa para mis compradores/clientes (excepto con las casas nuevas), y también debería hacerlo usted a menos que la casa que esté comprando se encuentre en perfectas condiciones y todo sea nuevo.

{ 8 }

Recorridos & Subarrendamientos

Un cierre normalmente toma un promedio de 30 días. Es común que un propietario deje de limpiar y darle mantenimiento a la casa entre el periodo de tiempo en que acepta una oferta y el día en que se muda. El vendedor podría también necesitar algunos días, o incluso más, después del cierre para desalojar la propiedad. La siguiente sección describe estas situaciones.

Recorrido Antes del Cierre

Un recorrido es una inspección final de la casa antes del cierre, y yo recomiendo dos. El primero debería realizarse cuarenta y ocho horas antes del cierre para verificar que todas las reparaciones que se acordaron hayan sido terminadas (¡consiga los recibos!) y para asegurarse que no hay nada que haya sido dañado en la propiedad desde la última vez que estuvo ahí.

Usted no querrá esperar hasta una hora antes del cierre para expresar su falta de satisfacción con las condiciones de la casa dado que el vendedor necesitará tiempo para hacer las correcciones.

Lleve su cámara y tome fotos de cualquier cosa que esté mal en la propiedad, y permita que su agente las comparta con la parte del vendedor.

El segundo recorrido debería realizarse inmediatamente antes del cierre, sólo para asegurarse que todo se encuentre bien antes de firmar los papeles. Esto es algo que yo generalmente hago por mis compradores ya que ellos se encuentran ocupados en el banco y muchas veces acaban de salir del trabajo.

Si algo importante está mal en la casa, no cierre el trato.

"Importante" significa algo grande, como que el aire acondicionado no funcione, la casa haya sido destruida, hubo una tormenta de granizo que dañó el techo, y otras situaciones similares. La casa necesita serle entregada en las condiciones en las que la vio por última vez y las reparaciones que se acordaron deberán estar terminadas. Si éste no es el caso, no cierre el trato.

Si usted tiene pequeñas quejas, su agente puede negociar efectivo para que usted realice las reparaciones después del cierre, o la compañía de títulos de propiedad pueda retener algunas de las ganancias del vendedor en un fideicomiso hasta que la situación se resuelva. Es en momentos como éste cuando usted necesita a un buen agente que represente sus intereses.

Subarrendamiento Temporal

Muy a menudo, el vendedor no se muda de la propiedad sino hasta después del cierre y del financiamiento; es riesgoso para ellos salirse hasta estar 100 por ciento seguros de que se cerrará el trato. A partir del periodo de tiempo después del financiamiento cuando el comprador es oficialmente dueño de la casa, hasta el momento en que el vendedor se muda, el vendedor se encontrará viviendo en la casa del comprador.

Usted definitivamente deberá hacer que el vendedor firme un acuerdo de arrendamiento temporal, lo que significa que él será su inquilino hasta que se mude.

Con un contrato de arrendamiento adecuado, el vendedor puede ser desalojado si se niega a salirse. Asegúrese de que el contrato de arrendamiento especifique que la casa necesita quedar limpia, en condiciones para habitarla. La palabra "limpia" es subjetiva, por supuesto. Yo por lo general sugiero que los compradores contraten un servicio de limpieza y de lavador de alfombras antes de mudarse y que lo consideren como un costo de cierre. Usted podría tener suerte y el vendedor podría dejarle una casa impecable, pero no cuente con ello.

{ 9 }

El Cierre

El cierre es cuando todos los papeles han sido firmados y los fondos han sido liberados. Una compañía de títulos de propiedad o una compañía de liquidación facilitan todo el proceso. La compañía de títulos de propiedad también es el emisor de su póliza de seguro de título de propiedad. Principalmente como una parte neutral de la transacción, la compañía de liquidación tiene muchas responsabilidades, incluyendo:

- Cobrar el cheque del depósito en garantía del comprador y retener el dinero en una cuenta de fideicomiso.
- Administrar el papeleo entre el agente del comprador y el agente del vendedor, el acreedor, las compañías de seguros, y los proveedores de garantías de viviendas.
- Coordinar el financiamiento del préstamo
- Liquidar el préstamo del vendedor
- Preparar el costo de cierre del Informe de Liquidación HUD-1
- Liberar los cheques del vendedor y las comisiones de los agentes

- Prorratear los impuestos anuales de la propiedad y otras obligaciones

Una vez que su préstamo esté completamente aprobado y esté autorizado para cerrar, su acreedor enviará los papeles e instrucciones a la compañía de títulos de propiedad/liquidación. En base a esas instrucciones, la persona encargada del cierre preparará su informe de cierre y lo distribuirá a todas las partes involucradas para su aprobación. Usted puede comparar su Estimado de Buena Fe/Estimado de Préstamo con el informe de cierre para ver qué tan cerca estuvo el estimado de su acreedor de la cantidad real. Si hay grandes sorpresas, coméntelas con su agente y con su acreedor inmediatamente. Además, asegúrese de obtener crédito por cualquier depósito que dio como depósito en garantía, cuotas opción, avalúos pre-pagados, etc. Nuevamente, su agente deberá estar muy familiarizado con este documento y puede ayudarle. Usted necesitará llevar un cheque de caja por la cantidad correcta al cierre, junto con una identificación con fotografía; asegúrese de tener los fondos fácilmente accesibles en una cuenta local.

Una vez aprobado, tanto el comprador como el vendedor firmarán los documentos, y los fondos serán liberados a las partes correspondientes. Cuando se le haya pagado a todos, ¡usted tendrá las llaves de su nueva casa!

Informe de Cierre - HUD 1 (Antes de Agosto del 2015)

El agente encargado del cierre preparará un HUD-1 antes de éste, y deberá ser entregado al prestatario por lo menos un día antes de la fecha de cierre (en realidad, esto no siempre ocurre). La versión final mencionará todos los costos involucrados en el préstamo y a quién se le pagarán los costos. A continuación encontrará un ejemplo de cierre y la explicación de cada sección:

Secciones B a la H

Las Secciones B a la H cubren información básica sobre la transacción, incluyendo el nombre y la dirección de las partes involucradas, y el nombre y la dirección de la compañía de títulos de propiedad. Ponga atención al tipo de préstamo. Si usted está obteniendo un préstamo FHA, pero el recuadro de préstamo convencional ha sido seleccionado, coméntelo con la persona encargada del cierre.

Resúmenes de las Transacciones del Comprador y del Vendedor

La Sección J resume los costos del comprador. Los números en las series 100 son los fondos que debe el vendedor. La línea 120 es la cantidad total a pagar. Las series 200 son los créditos del comprador; la línea 220 es la cantidad total de los créditos del comprador. Asegúrese de obtener un crédito por su depósito en garantía y cualquier cuota opción que pudiera haber pagado. La línea 301 es simplemente la cantidad de la línea 120. La línea 302 se resta a la línea 301, la cantidad que necesita llevar al cierre es el resultado y está listada en la línea 303. Usted necesitará ya sea enviar el dinero a la compañía de títulos de propiedad o conseguir fondos certificados. La sección K es la parte del Vendedor. Algunos estados requieren que esta parte se deje en blanco en la copia del vendedor.

OMB Approval No. 2502-0265

A. Settlement Statement (HUD-1)

B. Type of Loan

1. ☐ FHA	2. ☐ RHS	3. ☐ Conv. Unins	6. File Number:	7. Loan Number:	8. Mortgage Insurance Case Number:
4. ☐ VA	5. ☐ Conv. Ins.				

C. Note: This form is furnished to give you a statement of actual settlement costs. Amounts paid to and by the settlement agent are shown. Items marked "(p.o.c.)" were paid outside the closing; they are shown here for informational purposes and are not included in the totals.

D. Name & Address of Borrower:	E. Name & Address of Seller:	F. Name & Address of Lender:

G. Property Location:	H. Settlement Agent:	I. Settlement Date:
	Place of Settlement:	

J. Summary of Borrower's Transaction		K. Summary of Seller's Transaction	
100. Gross Amount Due from Borrower		**400. Gross Amount Due to Seller**	
101. Contract sales price		401. Contract sales price	
102. Personal property		402. Personal property	
103. Settlement charges to borrower (line 1400)		403.	
104.		404.	
105.		405.	
Adjustment for items paid by seller in advance		Adjustment for items paid by seller in advance	
106. City/town taxes to		406. City/town taxes to	
107. County taxes to		407. County taxes to	
108. Assessments to		408. Assessments to	
109.		409.	
110.		410.	
111.		411.	
112.		412.	
120. Gross Amount Due from Borrower		**420. Gross Amount Due to Seller**	
200. Amount Paid by or in Behalf of Borrower		**500. Reductions In Amount Due to seller**	
201. Deposit or earnest money		501. Excess deposit (see instructions)	
202. Principal amount of new loan(s)		502. Settlement charges to seller (line 1400)	
203. Existing loan(s) taken subject to		503. Existing loan(s) taken subject to	
204.		504. Payoff of first mortgage loan	
205.		505. Payoff of second mortgage loan	
206.		506.	
207.		507.	
208.		508.	
209.		509.	
Adjustments for items unpaid by seller		Adjustments for items unpaid by seller	
210. City/town taxes to		510. City/town taxes to	
211. County taxes to		511. County taxes to	
212. Assessments to		512. Assessments to	
213.		513.	
214.		514.	
215.		515.	
216.		516.	
217.		517.	
218.		518.	
219.		519.	
220. Total Paid by/for Borrower		**520. Total Reduction Amount Due Seller**	
300. Cash at Settlement from/to Borrower		**600. Cash at Settlement to/from Seller**	
301. Gross amount due from borrower (line 120)		601. Gross amount due to seller (line 420)	
302. Less amounts paid by/for borrower (line 220)	( )	602. Less reductions in amounts due seller (line 520)	( )
303. Cash ☐ From ☐ To Borrower		**603. Cash** ☐ To ☐ From Seller	

The Public Reporting Burden for this collection of information is estimated at 35 minutes per response for collecting, reviewing, and reporting the data. This agency may not collect this information, and you are not required to complete this form, unless it displays a currently valid OMB control number. No confidentiality is assured; this disclosure is mandatory. This is designed to provide the parties to a RESPA covered transaction with information during the settlement process.

Costos de Liquidación

Esta sección, en la Página 2, incluye las series 700 de las cuotas de los corredores de bienes raíces, las series 800 las cuotas del acreedor, las series 900 los costos pre-pagados (tales como intereses y seguros hipotecarios), las series 1000 el depósito del fideicomiso (o retención), las series 1100 las cuotas por el seguro de título de propiedad, las series 1200 las cuotas del registro gubernamental e impuestos de transferencia, y las series 1300 otros costos de liquidación. El último es un término amplio utilizado para gastos misceláneos como la inspección de la casa y el informe de control de plagas.

L. Settlement Charges

700. Total Real Estate Broker Fees		Paid From Borrower's Funds at Settlement	Paid From Seller's Funds at Settlement
Division of commission (line 700) as follows :			
701. $ to			
702. $ to			
703. Commission paid at settlement			
704.			

800. Items Payable in Connection with Loan			
801. Our origination charge	$ (from GFE #1)		
802. Your credit or charge (points) for the specific interest rate chosen	$ (from GFE #2)		
803. Your adjusted origination charges	(from GFE #A)		
804. Appraisal fee to	(from GFE #3)		
805. Credit report to	(from GFE #3)		
806. Tax service to	(from GFE #3)		
807. Flood certification to	(from GFE #3)		
808.			
809.			
810.			
811.			

900. Items Required by Lender to be Paid in Advance			
901. Daily interest charges from to @ $ /day	(from GFE #10)		
902. Mortgage insurance premium for months to	(from GFE #3)		
903. Homeowner's insurance for years to	(from GFE #11)		
904.			

1000. Reserves Deposited with Lender			
1001. Initial deposit for your escrow account	(from GFE #9)		
1002. Homeowner's insurance months @ $ per month $			
1003. Mortgage insurance months @ $ per month $			
1004. Property Taxes months @ $ per month $			
1005. months @ $ per month $			
1006. months @ $ per month $			
1007. Aggregate Adjustment -$			

1100. Title Charges			
1101. Title services and lender's title insurance	(from GFE #4)		
1102. Settlement or closing fee	$		
1103. Owner's title insurance	(from GFE #5)		
1104. Lender's title insurance	$		
1105. Lender's title policy limit $			
1106. Owner's title policy limit $			
1107. Agent's portion of the total title insurance premium to	$		
1108. Underwriter's portion of the total title insurance premium to	$		
1109.			
1110.			
1111.			

1200. Government Recording and Transfer Charges			
1201. Government recording charges	(from GFE #7)		
1202. Deed $ Mortgage $ Release $			
1203. Transfer taxes	(from GFE #8)		
1204. City/County tax/stamps Deed $ Mortgage $			
1205. State tax/stamps Deed $ Mortgage $			
1206.			

1300. Additional Settlement Charges			
1301. Required services that you can shop for	(from GFE #6)		
1302. $			
1303. $			
1304.			
1305.			

1400. Total Settlement Charges (enter on lines 103, Section J and 502, Section K)			

Comparación del Estimado de Buena Fe (GFE) y Costos HUD-1

La Página 3 compara lo que le cotizaron en su Estimado de Buena Fe y sus costos de préstamo reales en su HUD-1. Usted puede ver línea por línea la comparación entre el estimado y el costo real. El total, en la parte inferior de la segunda tabla, muestra la diferencia entre el GFE y el HUD-1 tanto en dólares como en porcentajes. Los costos no pueden aumentar por más del diez por ciento; si son aumentados, se debe emitir un reembolso para el comprador para cubrir el exceso.

Condiciones del Préstamo

La última sección resume las condiciones del préstamo, incluyendo la cantidad del préstamo, la tasa de intereses, el pago mensual sobre capital, intereses, y seguro hipotecario, si hay alguno, y plazo del préstamo. Las condiciones del préstamo se resumen, y usted puede verificar si la tasa de intereses puede aumentar o no y si hay penalización por pagar por adelantado o un pago mayor al vencimiento. Un ejemplo de HUD-1 se muestra a continuación. Esté absolutamente seguro de que reciba crédito por cada cheque que emitió fuera del cierre. Si pago algo fuera del cierre (como un reporte de crédito o avalúo), deberá estar listado en el informe HUD con POC (pagado fuera del cierre) escrito a un lado.

Comparison of Good Faith Estimate (GFE) and HUD-1 Charges		Good Faith Estimate	HUD-1
Charges That Cannot Increase	HUD-1 Line Number		
Our origination charge	# 801		
Your credit or charge (points) for the specific interest rate chosen	# 802		
Your adjusted origination charges	# 803		
Transfer taxes	# 1203		

Charges That In Total Cannot Increase More Than 10%		Good Faith Estimate	HUD-1
Government recording charges	# 1201		
	#		
	#		
	#		
	#		
	#		
	#		
	#		
	Total		
	Increase between GFE and HUD-1 Charges	$ or	%

Charges That Can Change		Good Faith Estimate	HUD-1
Initial deposit for your escrow account	# 1001		
Daily interest charges $ /day	# 901		
Homeowner's insurance	# 903		
	#		
	#		
	#		

Loan Terms

Your initial loan amount is	$
Your loan term is	years
Your initial interest rate is	%
Your initial monthly amount owed for principal, interest, and any mortgage insurance is	$ includes ☐ Principal ☐ Interest ☐ Mortgage Insurance
Can your interest rate rise?	☐ No ☐ Yes, it can rise to a maximum of %. The first change will be on and can change again every after Every change date, your interest rate can increase or decrease by %. Over the life of the loan, your interest rate is guaranteed to never be lower than % or higher than %.
Even if you make payments on time, can your loan balance rise?	☐ No ☐ Yes, it can rise to a maximum of $
Even if you make payments on time, can your monthly amount owed for principal, interest, and mortgage insurance rise?	☐ No ☐ Yes, the first increase can be on and the monthly amount owed can rise to $ The maximum it can ever rise to is $
Does your loan have a prepayment penalty?	☐ No ☐ Yes, your maximum prepayment penalty is $
Does your loan have a balloon payment?	☐ No ☐ Yes, you have a balloon payment of $ due in years on
Total monthly amount owed including escrow account payments	☐ You do not have a monthly escrow payment for items, such as property taxes and homeowner's insurance. You must pay these items directly yourself. ☐ You have an additional monthly escrow payment of $ that results in a total initial monthly amount owed of $ This includes principal, interest, any mortgage insurance and any items checked below. ☐ Property taxes ☐ Homeowner's insurance ☐ Flood insurance ☐ ☐ ☐

Note: If you have any questions about the Settlement Charges and Loan Terms listed on this form, please contact your lender.

El Informe de Cierre (A partir de Agosto del 2015)

Los consumidores recibirán este formato tres días hábiles antes de cerrar un préstamo. Reemplaza al Reporte de la Veracidad del Préstamo y al Informe de Liquidación HUD-1y proporciona una contabilidad detallada de la transacción. El proporcionarle al prestatario esta información importante mucho antes del cierre, le permite tener tiempo para entender los costos de su préstamo en un ambiente sin presiones en lugar de en el momento del cierre. También elimina viajes frenéticos de último minuto al banco para obtener un cheque de caja una hora antes del cierre y le da a todas las partes tiempo para solucionar errores.

Si hubiera cambios en el Informe de Cierre entre el momento en que fue emitido y el cierre, *dependiendo de la naturaleza del cambio*, el acreedor debe proporcionar un Informe de Cierre actualizado con otro tiempo de espera de tres días hábiles. Los cambios que requieran que el acreedor proporcione un Informe de Cierre actualizado y un periodo de espera adicional de tres días hábiles son: (1) cambios a la TPA mayores a un 1/8 de porcentaje, (2) cambios al préstamo, o (3) la adición de una penalización por pago anticipado. Los cambios menos importantes podrán ser reportados en un Informe de Cierre actualizado sin la necesidad de otro periodo de espera de tres días hábiles.

¡Alerta de fraude! Un acreedor abusivo podría prometer una cosa en el Estimado de Préstamo y después venderle al prestatario un préstamo que sea más caro. Pueden afirmar que el prestatario no calificó para las condiciones del préstamo que se le prometieron originalmente, y pueden hacerlo siempre y cuando le informen nuevamente al prestatario de las condiciones del préstamo y den un periodo de espera de tres días antes del cierre. En las manos de un acreedor abusivo, es un "gancho". ¡Un periodo de espera de tres días no es tan largo! Pocos compradores cancelarán la transacción en base a un incremento de ¼ de punto en su préstamo, pero ¼ de punto se traduce en miles de dólares para el

acreedor. ¡Aquí es cuando la reputación del acreedor realmente importa!

El Informe de Cierre es de cinco páginas. La primera página es parecida a la primera página del Estimado de Préstamo y contiene información que identifica al prestatario y al préstamo, las condiciones del préstamo, los pagos mensuales, y el total de los costos de cierre y la cantidad total de efectivo necesaria para cerrar.

La segunda página contiene una lista de los costos de cierre, incluyendo si el prestatario, el vendedor, o un tercero pagan un costo en particular. La tercera página incluye un cálculo del dinero necesario para cerrar y un resumen de la transacción del prestatario y de la transacción del vendedor.

Las páginas cuatro y cinco incluyen informes adicionales del préstamo y la información de contacto del acreedor, corredores y agente de liquidación. Los informes adicionales indican si el préstamo es asumible, información de amortización negativa, cuotas por pagos atrasados, requerimientos de fideicomiso, y muchas cosas más. La página cinco también incluye un cálculo del total de pagos, costos de financiamiento, cantidad financiada, y porcentaje total de los intereses durante el plazo del préstamo. Finalmente, la página cinco también incluye un recuadro de firma para que los consumidores confirmen el recibo del informe.

Igual que el formato de Estimado de Préstamo, el Informe de Cierre es increíblemente fácil de entender. Se muestra un ejemplo de este formato a continuación.

Closing Disclosure

This form is a statement of final loan terms and closing costs. Compare this document with your Loan Estimate.

Closing Information		Transaction Information		Loan Information	
Date Issued	4/15/2013	Borrower	Michael Jones and Mary Stone	Loan Term	30 years
Closing Date	4/15/2013		123 Anywhere Street	Purpose	Purchase
Disbursement Date	4/15/2013		Anytown, ST 12345	Product	Fixed Rate
Settlement Agent	Epsilon Title Co.	Seller	Steve Cole and Amy Doe		
File #	12-3456		321 Somewhere Drive	Loan Type	☒ Conventional ☐ FHA
Property	456 Somewhere Ave		Anytown, ST 12345		☐ VA ☐ _____
	Anytown, ST 12345	Lender	Ficus Bank	Loan ID #	123456789
Sale Price	$180,000			MIC #	000654321

Loan Terms		Can this amount increase after closing?
Loan Amount	$162,000	**NO**
Interest Rate	3.875%	**NO**
Monthly Principal & Interest See Projected Payments below for your Estimated Total Monthly Payment	$761.78	**NO**
		Does the loan have these features?
Prepayment Penalty		**YES** • As high as $3,240 if you pay off the loan during the first 2 years
Balloon Payment		**NO**

Informe de Cierre - Parte Superior de la Página 1

Projected Payments			
Payment Calculation		Years 1-7	Years 8-30
Principal & Interest		$761.78	$761.78
Mortgage Insurance	+	82.35	+ —
Estimated Escrow Amount can increase over time	+	206.13	+ 206.13
Estimated Total Monthly Payment		**$1,050.26**	**$967.91**

		This estimate includes	In escrow?
Estimated Taxes, Insurance & Assessments Amount can increase over time See page 4 for details	**$356.13** a month	☒ Property Taxes ☒ Homeowner's Insurance ☒ Other: Homeowner's Association Dues See Escrow Account on page 4 for details. You must pay for other property costs separately.	YES YES NO

Costs at Closing		
Closing Costs	$9,712.10	Includes $4,694.05 in Loan Costs + $5,018.05 in Other Costs – $0 in Lender Credits. See page 2 for details.
Cash to Close	$14,147.26	Includes Closing Costs. See Calculating Cash to Close on page 3 for details.

Informe de Cierre- Parte Inferior de la Página 1

Calculating Cash to Close	Use this table to see what has changed from your Loan Estimate.		
	Loan Estimate	Final	Did this change?
Total Closing Costs (J)	$8,054.00	$9,712.10	YES · See Total Loan Costs (D) and Total Other Costs (I)
Closing Costs Paid Before Closing	$0	− $29.80	YES · You paid these Closing Costs before closing
Closing Costs Financed (Paid from your Loan Amount)	$0	$0	NO
Down Payment/Funds from Borrower	$18,000.00	$18,000.00	NO
Deposit	− $10,000.00	− $10,000.00	NO
Funds for Borrower	$0	$0	NO
Seller Credits	$0	− $2,500.00	YES · See Seller Credits in Section L
Adjustments and Other Credits	$0	− $1,035.04	YES · See details in Sections K and L
Cash to Close	$16,054.00	$14,147.26	

Informe de Cierre - Parte Superior de la Página 2

Summaries of Transactions	Use this table to see a summary of your transaction.		
BORROWER'S TRANSACTION		**SELLER'S TRANSACTION**	
K. Due from Borrower at Closing	$189,762.30	M. Due to Seller at Closing	$180,080.00
01 Sale Price of Property	$180,000.00	01 Sale Price of Property	$180,000.00
02 Sale Price of Any Personal Property Included in Sale		02 Sale Price of Any Personal Property Included in Sale	
03 Closing Costs Paid at Closing (J)	$9,682.30	03	
04		04	
Adjustments		05	
05		06	
06		07	
07		08	
Adjustments for Items Paid by Seller in Advance		**Adjustments for Items Paid by Seller in Advance**	
08 City/Town Taxes to		09 City/Town Taxes to	
09 County Taxes to		10 County Taxes to	
10 Assessments to		11 Assessments to	
11 HOA Dues 4/15/13 to 4/30/13	$80.00	12 HOA Dues 4/15/13 to 4/30/13	$80.00
12		13	
13		14	
14		15	
		16	
L. Paid Already by or on Behalf of Borrower at Closing	$175,615.04	N. Due from Seller at Closing	$115,665.04
01 Deposit	$10,000.00	01 Excess Deposit	
02 Loan Amount	$162,000.00	02 Closing Costs Paid at Closing (J)	$12,800.00
03 Existing Loan(s) Assumed or Taken Subject to		03 Existing Loan(s) Assumed or Taken Subject to	
04		04 Payoff of First Mortgage Loan	$100,000.00
05 Seller Credit	$2,500.00	05 Payoff of Second Mortgage Loan	
Other Credits		06	
06 Rebate from Epsilon Title Co.	$750.00	07	
07		08 Seller Credit	$2,500.00
Adjustments		09	
08		10	
09		11	
10		12	
11		13	
Adjustments for Items Unpaid by Seller		**Adjustments for Items Unpaid by Seller**	
12 City/Town Taxes 1/1/13 to 4/14/13	$365.04	14 City/Town Taxes 1/1/13 to 4/14/13	$365.04
13 County Taxes to		15 County Taxes to	
14 Assessments to		16 Assessments to	
15		17	
16		18	
17		19	
CALCULATION		**CALCULATION**	
Total Due from Borrower at Closing (K)	$189,762.30	Total Due to Seller at Closing (M)	$180,080.00
Total Paid Already by or on Behalf of Borrower at Closing (L)	− $175,615.04	Total Due from Seller at Closing (N)	− $115,665.04
Cash to Close ☒ From ☐ To Borrower	$14,147.26	Cash ☐ From ☒ To Seller	$64,414.96

CLOSING DISCLOSURE

PAGE 3 OF 5 · LOAN ID # 123456789

Informe de Cierre - Parte Inferior de la Página 2

Additional Information About This Loan

Loan Disclosures

Assumption

If you sell or transfer this property to another person, your lender

☐ will allow, under certain conditions, this person to assume this loan on the original terms.

☒ will not allow assumption of this loan on the original terms.

Demand Feature

Your loan

☐ has a demand feature, which permits your lender to require early repayment of the loan. You should review your note for details.

☒ does not have a demand feature.

Late Payment

If your payment is more than 15 days late, your lender will charge a late fee of 5% of the monthly principal and interest payment.

Negative Amortization (Increase in Loan Amount)

Under your loan terms, you

☐ are scheduled to make monthly payments that do not pay all of the interest due that month. As a result, your loan amount will increase (negatively amortize), and your loan amount will likely become larger than your original loan amount. Increases in your loan amount lower the equity you have in this property.

☐ may have monthly payments that do not pay all of the interest due that month. If you do, your loan amount will increase (negatively amortize), and, as a result, your loan amount may become larger than your original loan amount. Increases in your loan amount lower the equity you have in this property.

☒ do not have a negative amortization feature.

Escrow Account

For now, your loan

☒ will have an escrow account (also called an "impound" or "trust" account) to pay the property costs listed below. Without an escrow account, you would pay them directly, possibly in one or two large payments a year. Your lender may be liable for penalties and interest for failing to make a payment.

Escrow		
Escrowed Property Costs over Year 1	$2,473.56	Estimated total amount over year 1 for your escrowed property costs: *Homeowner's Insurance Property Taxes*
Non-Escrowed Property Costs over Year 1	$1,800.00	Estimated total amount over year 1 for your non-escrowed property costs: *Homeowner's Association Dues* You may have other property costs.
Initial Escrow Payment	$412.25	A cushion for the escrow account you pay at closing. See Section G on page 2.
Monthly Escrow Payment	$206.13	The amount included in your total monthly payment.

☐ will not have an escrow account because ☐ you declined it ☐ your lender does not offer one. You must directly pay your property costs, such as taxes and homeowner's insurance. Contact your lender to ask if your loan can have an escrow account.

Informe de Cierre – Parte Superior de la Página 3

Partial Payments

Your lender

☒ may accept payments that are less than the full amount due (partial payments) and apply them to your loan.

☐ may hold them in a separate account until you pay the rest of the payment, and then apply the full payment to your loan.

☐ does not accept any partial payments.

If this loan is sold, your new lender may have a different policy.

Security Interest

You are granting a security interest in

456 Somewhere Ave., Anytown, ST 12345

You may lose this property if you do not make your payments or satisfy other obligations for this loan.

No Escrow		
Estimated Property Costs over Year 1		Estimated total amount over year 1. You must pay these costs directly, possibly in one or two large payments a year.
Escrow Waiver Fee		

In the future,

Your property costs may change and, as a result, your escrow payment may change. You may be able to cancel your escrow account, but if you do, you must pay your property costs directly. If you fail to pay your property taxes, your state or local government may (1) impose fines and penalties or (2) place a tax lien on this property. If you fail to pay any of your property costs, your lender may (1) add the amounts to your loan balance, (2) add an escrow account to your loan, or (3) require you to pay for property insurance that the lender buys on your behalf, which likely would cost more and provide fewer benefits than what you could buy on your own.

Informe de Cierre - Parte Inferior de la Página 3

139

Loan Calculations

Total of Payments. Total you will have paid after you make all payments of principal, interest, mortgage insurance, and loan costs, as scheduled. — **$285,803.36**

Finance Charge. The dollar amount the loan will cost you. — **$118,830.27**

Amount Financed. The loan amount available after paying your upfront finance charge. — **$162,000.00**

Annual Percentage Rate (APR). Your costs over the loan term expressed as a rate. This is not your interest rate. — **4.174%**

Total Interest Percentage (TIP). The total amount of interest that you will pay over the loan term as a percentage of your loan amount. — **69.46%**

Questions? If you have questions about the loan terms or costs on this form, use the contact information below. To get more information or make a complaint, contact the Consumer Financial Protection Bureau at **www.consumerfinance.gov/mortgage-closing**

Other Disclosures

Appraisal
If the property was appraised for your loan, your lender is required to give you a copy at no additional cost at least 3 days before closing. If you have not yet received it, please contact your lender at the information listed below.

Contract Details
See your note and security instrument for information about
• what happens if you fail to make your payments,
• what is a default on the loan,
• situations in which your lender can require early repayment of the loan, and
• the rules for making payments before they are due.

Liability after Foreclosure
If your lender forecloses on this property and the foreclosure does not cover the amount of unpaid balance on this loan,
[X] state law may protect you from liability for the unpaid balance. If you refinance or take on any additional debt on this property, you may lose this protection and have to pay any debt remaining even after foreclosure. You may want to consult a lawyer for more information.
[ ] state law does not protect you from liability for the unpaid balance.

Refinance
Refinancing this loan will depend on your future financial situation, the property value, and market conditions. You may not be able to refinance this loan.

Tax Deductions
If you borrow more than this property is worth, the interest on the loan amount above this property's fair market value is not deductible from your federal income taxes. You should consult a tax advisor for more information.

Informe de Cierre - Parte Superior de la Página 4

Contact Information

	Lender	Mortgage Broker	Real Estate Broker (B)	Real Estate Broker (S)	Settlement Agent
Name	Ficus Bank		Omega Real Estate Broker Inc.	Alpha Real Estate Broker Co.	Epsilon Title Co.
Address	4321 Random Blvd. Somecity, ST 12340		789 Local Lane Sometown, ST 12345	987 Suburb Ct. Someplace, ST 12340	123 Commerce Pl. Somecity, ST 12344
NMLS ID					
ST License ID			Z765416	Z61456	Z61616
Contact	Joe Smith		Samuel Green	Joseph Cain	Sarah Arnold
Contact NMLS ID	12345				
Contact ST License ID			P16415	P51461	PT1234
Email	joesmith@ficusbank.com		sam@omegare.biz	joe@alphare.biz	sarah@epsilontitle.com
Phone	123-456-7890		123-555-1717	321-555-7171	987-555-4321

Confirm Receipt

By signing, you are only confirming that you have received this form. You do not have to accept this loan because you have signed or received this form.

_____ _____ _____ _____
Applicant Signature   Date   Co-Applicant Signature   Date

Informe de Cierre - Parte Inferior de la Página 4

Closing Disclosure

This form is a statement of final loan terms and closing costs. Compare this document with your Loan Estimate.

Closing Information

Date Issued	4/15/2013
Closing Date	4/15/2013
Disbursement Date	4/15/2013
Settlement Agent	Epsilon Title Co.
File #	12-3456
Property	456 Somewhere Ave
	Anytown, ST 12345
Sale Price	$180,000

Transaction Information

Borrower	Michael Jones and Mary Stone
	123 Anywhere Street
	Anytown, ST 12345
Seller	Steve Cole and Amy Doe
	321 Somewhere Drive
	Anytown, ST 12345
Lender	Ficus Bank

Loan Information

Loan Term	30 years
Purpose	Purchase
Product	Fixed Rate
Loan Type	☒ Conventional ☐ FHA
	☐ VA ☐ _____
Loan ID #	123456789
MIC #	000654321

Loan Terms		Can this amount increase after closing?
Loan Amount	$162,000	NO
Interest Rate	3.875%	NO
Monthly Principal & Interest See Projected Payments below for your Estimated Total Monthly Payment	$761.78	NO
		Does the loan have these features?
Prepayment Penalty		YES • As high as $3,240 if you pay off the loan during the first 2 years
Balloon Payment		NO

Informe de Cierre - Parte Superior de la Página 5

Projected Payments			
Payment Calculation		Years 1-7	Years 8-30
Principal & Interest		$761.78	$761.78
Mortgage Insurance	+	82.35	+ —
Estimated Escrow Amount can increase over time	+	206.13	+ 206.13
Estimated Total Monthly Payment		$1,050.26	$967.91

		This estimate includes	In escrow?
Estimated Taxes, Insurance & Assessments Amount can increase over time See page 4 for details	$356.13 a month	☒ Property Taxes ☒ Homeowner's Insurance ☒ Other: Homeowner's Association Dues See Escrow Account on page 4 for details. You must pay for other property costs separately.	YES YES NO

Costs at Closing		
Closing Costs	$9,712.10	Includes $4,694.05 in Loan Costs + $5,018.05 in Other Costs – $0 in Lender Credits. See page 2 for details.
Cash to Close	$14,147.26	Includes Closing Costs. See Calculating Cash to Close on page 3 for details.

Informe de Cierre - Parte Inferior de la Página 5

En el Momento del Cierre

Se le pedirá que firme un enorme montón de papeles en el momento del cierre. Aquellos a los que tiene que poner atención en específico son:

- Informe de Cierre HUD-1 – Como se mencionó anteriormente, asegúrese de que las cantidades sean precisas.
- Pagaré – Ésta es su promesa de que pagará el préstamo a la compañía hipotecaria. Esté absolutamente seguro de que la tasa de intereses, plazo, etc., sean los correctos.
- Escritura del Fideicomiso –Si usted no paga, no se puede quedar. Este documento describe cómo le confiscarán la casa si cae en morosidad.
- Documentos del IRS – Con cualquier documento relacionado con el IRS, asegúrese que su número de seguridad social sea el correcto para que pueda deducir los intereses de la hipoteca de sus impuestos.
- Asegúrese de que su Contrato de Arrendamiento temporal se encuentre en orden.

El resto de los documentos son relleno por lo general. En el momento del cierre, usted recibirá copias de todo lo que firmó, su estudio, e información sobre la garantía de la vivienda. Su agente hará arreglos para entregarle las llaves después del financiamiento.

Financiamiento

Después de que todos los papeles hayan sido firmados por el comprador y por el vendedor, el dinero es transferido del acreedor a la compañía de títulos de propiedad. La compañía de títulos de propiedad entonces liquida la hipoteca del vendedor (si tuviera una), la compañías de seguros, los agentes de bienes raíces y cualquier otra parte involucrada en la transacción que tenga derecho a recibir un pago. Una vez que la transacción haya sido financiada, ¡la casa es oficialmente suya! Puede tomar posesión de acuerdo a las condiciones del contrato de arrendamiento temporal que se acodaron entre usted y el vendedor (mencionadas anteriormente).

Registro

El proceso de registro es el paso final en el proceso de cierre. La compañía encargada del cierre, el abogado o la compañía de títulos de propiedad que maneje su transacción completará el registro. El proceso registra oficialmente ciertos documentos tales como la escritura de garantía y el instrumento de seguridad.

{ 10 }

Después del Cierre

¿Cree que terminó después de que se firmaron los papeles y recibió sus llaves? No.

Conociendo sus Nuevas Obligaciones Financieras

Usted deberá recibir un cupón de pago por el primer pago de su casa en el momento del cierre. No se sorprenda si recibe una carta del acreedor diciéndole que su préstamo ha sido vendido. Esta es una práctica muy común. El acreedor le dirá a dónde enviar sus pagos en caso de que su préstamo haya sido vendido, y deberá recibir un folleto de cupones por correo de parte del nuevo acreedor, quien ahora será su administrador de préstamo. Incluso si usted no recibe un cupón de pago, necesita realizar sus pagos a tiempo. Contacte a su administrador de préstamo para obtener información sobre sus pagos.

El administrador de préstamo le dará seguimiento a su historial de pagos y aplicará el pago mensual de su préstamo al saldo y a las reservas del fideicomiso. El administrador de préstamo es responsable de pagar sus impuestos de bienes raíces y un seguro contra peligros de las reservas del fideicomiso. Mientras que los impuestos y las cuentas de los seguros deberán llegar   directamente al administrador de préstamos, podrían llegarle a usted. En ese caso, sólo reenvíelas al administrador para que realice el pago. Su pago podría aumentar en el futuro en caso de que se necesitara un saldo de fideicomiso mayor para cubrir los crecientes costos en los impuestos sobre bienes raíces y los costos de los seguros. El administrador de préstamos le proporcionará un informe de los intereses al final del año y un análisis de cuentas para que usted pueda monitorear esto.   También necesitará esta información cuando presente sus impuestos para asegurarse de realizar las deducciones correspondientes por los intereses y los impuestos sobre bienes raíces que ha pagado. Consulte a su asesor de impuestos en caso de tener alguna pregunta.

Exenciones para los Propietarios

Una exención para los propietarios reduce el valor de la casa con respecto a los impuestos locales y estatales. Una vez que presente la documentación correspondiente en su oficina local de impuestos loca, usted tendrá derecho a un descuento considerable en los impuestos sobre su propiedad. Casi todos los estados tienen algún tipo de exención; las cantidades y los requisitos varían de un estado a otro. Pídale más información a su Corredor, o contacte a su oficina local de impuestos para que le den instrucciones sobre cómo presentarlos.

Pagando Su Hipoteca por Adelantado

Pagar parte de su hipoteca por adelantado le permite pagar menos intereses. Por cada dólar extra que pague en el capital de su préstamo, ahorrará dos dólares de intereses. Por ejemplo, en un préstamo de $200,000 con una tasa de intereses del cinco por ciento, pagar $50 extra al mes le ahorrará casi $21,000 a lo largo de la vida del préstamo, y el plazo del préstamo se reducirá casi por tres años. Eso significa que su préstamo de 30 años se convertirá en un préstamo de 27 años. Se puede obtener el mismo resultado al hacer un pago extra en la hipoteca al año. Si usted decide pagar su hipoteca por adelantado, no se inscriba al "programa de prepago quincenal" que le ofrecerá su acreedor. Estos programas requieren que paga una cuota por activación de alrededor de $300-400, más $5-8 de costo mensual por el servicio. Casi siempre pueda pagar por adelantado sin ningún cargo. Sólo agregue la cantidad extra a su pago mensual, o pague la cantidad extra de manera separada para que después sea más fácil de auditar.

¡Aquí Vienen las Estafas!

Cuando usted compra una casa, la escritura se registra en el condado y se convierte en registro público. Los negocios crean listados de personas que acaban de comprar una casa y tratan de venderles cosas. ¡El correo basura es interminable! Por el lado positivo, sí recibe muchos cupones valiosos para tiendas de muebles, centros de mejoras para el hogar, y para muchos otros establecimientos de menudeo, así que mantenga los ojos abiertos para esos si usted es de los que recorta cupones. Pero tenga cuidado con las siguientes estafas:

Estafas a los Propietarios

Presentar su exención del propietario es gratuito. Los estafadores le enviarán documentos que parecen oficiales con instrucciones para presentarlos y le cobrarán entre $25-$50 para registrar el documento por usted. ¡No caiga en esto! Sólo entre a través de internet al distrito de avalúos de su condado y busque las instrucciones para presentarlo. Algunos condados incluso le permiten presentar la exención en línea.

Estafas en las Hipotecas

Ya hemos hablado sobre los beneficios de realizar pagos hipotecarios quincenales o pagar un poco extra junto con su pago mensual. No tiene que pagarle a su compañía hipotecaria ni a ninguna otra compañía para hacer esto; usted puede realizar el pago extra sin ningún cargo y en cualquier momento. Yo recomiendo enviar un cheque por separado (o un segundo pago en línea) y especificar en el campo de notas que deberá ser aplicado al "capital únicamente". Tenga cuidado con las compañías que tratan de hacer que les envíe su pago de la hipoteca, afirmando que ellos realizarán el pago por usted. Si alguna vez recibe una carta diciendo que su préstamo fue vendido o transferido a otro banco y que debe empezar a mandar sus pagos a una dirección distinta, llame a su antiguo banco y verifique esta información antes de enviar dinero.

Seguros Hipotecarios

Después del cierre, usted empezará a recibir ofertas de parte de varias compañías de seguros. La póliza que tratan de venderle es una que cubre los pagos de su casa en caso de que usted muera o se encuentra discapacitado. Por lo general, usted estaría mejor comprando una póliza de vida normal y/o seguro por incapacidad. Las pólizas de seguros hipotecarios son excesivamente caras y a veces garantizadas por compañías de seguros de muy baja reputación. ¿De qué sirve un seguro si la compañía se encuentra en la quiebra cuando la necesita?

Refinanciamiento Abusivo

Refinanciar su casa le puede ayudar a reducir sus pagos mensuales y es una gran herramienta de planeación financiera cuando se utiliza de responsable y adecuadamente. Cuesta varios miles de dólares refinanciar su casa, y aquellos que tienen el hábito de refinanciar pueden terminar debiendo más de lo que vale la casa.

Cuando los prestatarios refinancian sus casas repetidamente para retirar su capital, se le llama extracción de capital. Si bien existen razones legítimas para cobrar el capital de su casa, es importante para su futuro financiero crear un patrimonio en su casa.

Estafas de "Rescate" de Embargo

Si tiene problemas para realizar los pagos de su hipoteca, contacte a su acreedor tan pronto como sea posible y vea qué opciones le ofrecen. Definitivamente evite cualquier negocio que:

- Ofrezca una garantía para regresarle su dinero que afirma que pueden detener el embargo
- Le aconseje no contactar a su acreedor
- Trate de cobrarle una cuota
- Únicamente acepte cheque de caja o transferencia de fondos
- Le aconseje realizar el pago de su hipoteca directamente con ellos
- Trate de hacer que le transfiera su título de propiedad

Contratos por Escritura

Un contrato por escritura normalmente se conoce como financiamiento "rentar para adquirir" y es comúnmente utilizado en transacciones financiadas por el vendedor. Bajo un contrato por escritura, el título de la propiedad permanece a nombre del vendedor hasta que el comprador haya realizado cierto número de pagos y a veces hasta después de que haya liquidado la casa por completo. Aunque se supone que el vendedor le tiene que transferir el título al comprador después de que liquidó la casa, esto no siempre sucede. Básicamente, los compradores pagan por una casa que muchas veces nunca será suya. Los contratos por escritura son muy importantes para el vendedor, pero son una pesadilla para el comprador.

Rentar para Adquirir

No pasa un sólo día en el que no responda una pregunta sobre las transacciones rentar para adquirir. Funcionan así: Si un comprador no califica para una hipoteca convencional, un vendedor podría estar de acuerdo en rentarle la casa por un periodo de tiempo mientras que el comprador arregla sus finanzas. Al final del plazo del contrato de arrendamiento, compra la casa a través de un financiamiento convencional, a un precio determinado (a un precio alto). El comprador normalmente paga una gran cuota opción inicial, y una parte de la renta mensual se aplica al precio de venta de la casa.

En teoría, suena genial. La mayoría de las veces, sin embargo, el comprador no califica para un préstamo, y pierde la opción de su cuota opción y todo su posible capital sobre la casa. *Rentar para adquirir es importante para el vendedor, pero un horrible, horrible plan para el vendedor.*

Rentar y comprar deberían ser tratados como dos transacciones por separado, no incluir una en la otra. Si usted no califica para una hipoteca convencional, rente hasta que pueda calificar.

Si insiste en rentar para adquirir, contrate a un abogado y no a un Corredor. La mayoría de nosotros no estamos calificados para protegerlo en estas transacciones.

Estafas de Alquiler

Los estafadores han estado secuestrando anuncios de alquiler y cambiando la información de contacto y republicando los anuncios modificados en otro sitio. O, inventan alquileres que no existen. La meta es hacer que page su depósito de seguridad o el primer mes de renta antes de que averigüe que se trata de una estafa. Tenga cuidado de cualquier persona que le diga que le transfiera dinero o si quieren un depósito o la renta del primer mes antes de conocerlos o de firmar el contrato de arrendamiento. Trate de verificar la identidad del agente que le mostrará la casa.

Hipotecas Inversas

Las hipotecas inversas le permiten a los propietarios de 62 años de edad o más pedir prestado sobre el valor de su casa y no pagar hasta que se muden o fallezcan. Pero los estafadores han creado 5 o 6 diferentes maneras para robar el capital de los hogares de ancianos inocentes. Con promesas de préstamos gratuitos que pueden utilizarse para financiar vacaciones caras y otros lujos, algunos acreedores son agresivos para lanzar préstamos a propietarios que no pueden costear las cuotas o incluso los impuestos sobre la propiedad ni el mantenimiento de su casa. Las hipotecas inversas pueden ser una herramienta valiosa para que las personas mayores permanezcan en sus casas y tengan acceso a su patrimonio, pero involucrarse con el acreedor incorrecto es una receta para el desastre. Si usted está buscando una hipoteca inversa, tenga cuidado con tácticas de venta que lo presionen mucho, publicidad engañosa, subestimar el riesgo de perder la casa, y que le pidan que deje a su cónyuge fuera del préstamo.

{ 11 }

¿Qué Puede Salir Mal?

Al comprar casa, muchas cosas pueden salir mal. Además de su Corredor, por lo menos otros 15-20 profesionales participan en una transacción de bienes raíces, y si bien todos tienen el mismo objetivo en mente, suceden cosas que pueden retrasar el cierre o renunciar a la venta. Aquí hay algunos ejemplos:

- El estudio muestra una invasión u otro problema
- El acreedor no puede autorizar las condiciones de préstamo del prestatario a tiempo
- El comprador crea un problema con su crédito al abrir nuevas líneas de crédito o cambiar de trabajo
- Granizo, viento, incendios, vándalos, etc. dañan la propiedad
- La investigación del título de propiedad encuentra un gravamen en la propiedad, y el vendedor no tiene dinero para cubrirlo.
- Durante el último recorrido se descubren nuevos daños o robos, o el vendedor retiró cosas de la casa que se suponía se iban a quedar.

- La compañía de títulos de propiedad no recibe los documentos a tiempo para el cierre.
- El vendedor cambia de opinión o se niega a mudarse.
- El comprador va a comprar una casa nueva y hay un problema con esa transacción.
- El vendedor fallece.
- Hay una tormenta de granizo entre el momento de la inspección y el cierre, y el techo necesita otra inspección.
- El comprador pierde su trabajo así que le niegan el préstamo.

Algunas cosas simplemente están fuera del control de cualquier persona, así que no tiene sentido preocuparse por las cosas poco probables que pueden salir mal. Resolver estos problemas requiere de una gran comunicación, algo de compromiso, y profesionales de bienes raíces sensatos en ambos lados. Haga su parte, y muy probablemente todo saldrá bien al final.

Últimas Palabras

¡Ahí lo tiene! Lo que necesita saber para comprar una casa. Sí, es complicado y a veces estresante, pero vale la pena el tiempo que invirtió en leer este libro para instruirse y protegerse a sí mismo.

Empiece por contratar a un muy buen agente que lo represente, y nunca firme nada hasta que tenga una completa comprensión de sus riesgos, responsabilidades y derechos. ¡No sea un comprador flojo!

Sobre todo, sepa que en poco tiempo se va a mudar a su nueva casa, y que el estrés del proceso de comprar casa se quedará en el olvido. Echará raíces y formará parte de una nueva comunidad. Muchas, muchas cosas ocurrirán por primera vez en su nueva casa, y creará un sinnúmero de recuerdos.

Espero que haya podido ayudarlo a evitar el horrible, difícil y estresante proceso que puede ser comprar una casa, y que tenga muchos años de felicidad en su nuevo hogar. Siéntase con la libertad de contactarme en

Alysse@HelpUBuyAmerica si tiene alguna pregunta sobre el proceso, si necesita una recomendación de un EBA en su zona. Si va a comprar una casa en Dallas, Houston o Austin, nos encantaría ayudarle. ¡Feliz Búsqueda de Casa!

ACERCA DEL AUTOR

Alysse Musgrave se graduó de la Universidad de Texas A&M y ha sido corredora certificada de bienes raíces en el estado de Texas desde 1995. Mientras trabajaba como analista de sistemas, desarrolló un interés por mover casas y obtuvo su licencia en bienes raíces para mantener sus esfuerzos personales de inversión.

Aprendiendo de primera mano las trampas y los aspectos negativos de comprar y vender bienes raíces, Alysse desarrolló una empatía por otros que experimentaban su misma frustración. Desalentada principalmente por la falta de representación que obtuvo como comprador, Alysse decidió que era el momento correcto para llevar una Agencia Exclusiva para Compradores a la zona de Dallas/Ft. Worth, y abrió lo que más tarde se convertiría en una de las agencias de corredores exclusivos para compradores más antiguas y más exitosas del país.

Al escribir este libro, Alysse espera brindar a aquellos que entran en el aterrorizante mundo de comprar una casa un recurso para capacitarlos e informarlos y hacer que el encontrar una casa sea una experiencia positiva de vida.

HelpUBuy America es una Agencia Exclusiva para Compradores cuya misión es proteger a los compradores de casas en Austin, Houston, y Dallas.

www.ingramcontent.com/pod-product-compliance
Lightning Source LLC
Chambersburg PA
CBHW051913170526
45168CB00001B/366